## CÉLIA PASSOS

Cursou Pedagogia na Faculdade de Ciências Humanas de Olinda – PE, com licenciaturas em Educação Especial e Orientação Educacional. Professora do Ensino Fundamental e Médio (Magistério) e coordenadora escolar de 1978 a 1990.

## ZENEIDE SILVA

Cursou Pedagogia na Universidade Católica de Pernambuco, com licenciatura em Supervisão Escolar. Pós-graduada em Literatura Infantil. Mestra em Formação de Educador pela Universidade Isla, Vila de Nova Gaia, Portugal. Assessora Pedagógica, professora do Ensino Fundamental e supervisora escolar desde 1986.

4º ANO
ENSINO FUNDAMENTAL

# GEOGRAFIA

4ª edição
São Paulo
2020

Coleção Eu Gosto Mais
Geografia 4º ano
© IBEP, 2020

| | |
|---:|:---|
| **Diretor superintendente** | Jorge Yunes |
| **Diretora adjunta editorial** | Célia de Assis |
| **Coordenadora editorial** | Adriane Gozzo |
| **Assessoria pedagógica** | Valdeci Loch |
| **Editora** | Soraia Willnauer |
| **Assistente editorial** | Selma Gomes |
| **Revisores** | Denise Santos, Janaína Silva, Jaci Albuquerque e Cássio Pelin |
| **Secretaria editorial e processos** | Elza Mizue Hata Fujihara |
| **Coordenadora de arte** | Karina Monteiro |
| **Assistente de arte** | Aline Benitez e Lye Longo Nakagawa |
| **Assistentes de iconografia** | Victoria Lopes, Irene Araújo e Ana Cristina Melchert |
| **Ilustração** | José Luís Juhas, Dawidson França, Mw Ed. Ilustrações, Lu Kobayashi, J. C. Silva/ M10, Anderson de Oliveira Santos, Fábio/Imaginário Studio, Eunice/Conexão, Imaginário Studio e Ulhôa Cintra |
| **Assistente de produção gráfica** | Marcelo Ribeiro |
| **Projeto gráfico e capa** | Departamento de Arte - Ibep |
| **Ilustração da capa** | Manifesto Game Studio/BoxEdea |
| **Diagramação** | ED5/Formato Comunicação |

**CIP-BRASIL. CATALOGAÇÃO NA PUBLICAÇÃO**
**SINDICATO NACIONAL DOS EDITORES DE LIVROS, RJ**

P32e
4. ed.

Passos, Célia
  Eu gosto mais : geografia : 4º ano : ensino fundamental / Célia Passos, Zeneide Silva. - 4. ed. - São Paulo : IBEP, 2020.
    : il.              (Eu gosto mais)

  ISBN 978-65-5696-016-6 (aluno)
  ISBN 978-65-5696-017-3 (professor)

1. Geografia - Estudo e ensino (Ensino fundamental). I. Silva, Zeneide. II. Título. III. Série.

20-64032
CDD: 372.891
CDU: 373.3.016:91

Meri Gleice Rodrigues de Souza - Bibliotecária CRB-7/6439
20/04/2020    22/04/2020

4ª edição – São Paulo – 2020
Todos os direitos reservados

Rua Gomes de Carvalho, 1306, 12º andar, Vila Olímpia
São Paulo - SP - 04547-005 - Brasil - Tel.: (11) 2799-7799
www.editoraibep.com.br  editoras@ibep-nacional.com.br

# APRESENTAÇÃO

Querido aluno, querida aluna,

Elaboramos para vocês a Coleção Eu gosto m@is, rica em conteúdos e atividades interessantes, para acompanhá-los em seu aprendizado.

Desejamos muito que cada lição e cada atividade possam fazer vocês ampliarem seus conhecimentos e suas habilidades nessa fase de desenvolvimento da vida escolar.

Por meio do conhecimento, podemos contribuir para a construção de uma sociedade mais justa e fraterna: esse é o nosso objetivo ao elaborar esta coleção.

Um grande abraço,

As autoras

# SUMÁRIO

**LIÇÃO** — **PÁGINA**

**1** — **Terra, o nosso planeta** — **6**
- O Sistema Solar ..................................................... 7
- Movimentos da Terra ............................................ 9
- Representações da Terra ..................................... 13
- Linhas imaginárias ................................................ 14
- Coordenadas geográficas ..................................... 17
- Mapas e escalas .................................................... 22

**2** — **Meu município** — **35**
- O município onde eu vivo ..................................... 36
- O menor município do Brasil ................................ 41

**3** — **O município** — **52**
- Você vive em um município .................................. 52
- Limites municipais ................................................ 54
- Atividades nos municípios .................................... 56

**4** — **O relevo e a hidrografia do planeta** — **62**
- O relevo ................................................................ 62
- Planaltos ............................................................... 65
- Rios ....................................................................... 67
- Lagos e lagoas ...................................................... 69

**5** — **Zonas climáticas do planeta** — **75**
- Os diferentes climas ............................................. 76

| LIÇÃO | | PÁGINA |
|---|---|---|

**6** — A vegetação do planeta .................................................. 84
- Tundra ................................................................. 85
- Floresta de coníferas ............................................. 85
- Floresta temperada ............................................... 87
- Vegetação de altitude ........................................... 87
- Estepe .................................................................. 87
- Floresta tropical ................................................... 89
- Vegetação mediterrânea ....................................... 89
- Savana .................................................................. 91
- Vegetação de deserto ........................................... 91

**7** — A natureza e a paisagem .................................................. 98
- O que é paisagem? ............................................... 99
- Mudanças causadas por erosão e chuvas ............. 99
- Mudanças causadas por terremotos ................... 100
- Mudanças causadas por vulcões ......................... 101

**8** — O ser humano e a paisagem ........................................... 106
- Cidade ................................................................ 107
- Campo ................................................................ 107
- Poluição do ar .................................................... 109
- Poluição dos rios, lagos e mananciais subterrâneos ........................................................ 110
- Poluição de rios ................................................. 111

**ALMANAQUE** — 119

**ADESIVO** — 129

# Terra, o nosso planeta

O nosso planeta tem a forma aproximada de uma **esfera** achatada nos **polos**. Veja a imagem a seguir da Terra.

Observando a imagem podemos identificar uma enorme porção de área azul que corresponde à água presente nos mares e oceanos. Os continentes aparecem como manchas marrons e verdes. Nosso planeta faz parte do Sistema Solar que é um dos muitos sistemas existentes no Universo.

###  VOCABULÁRIO

**esfera:** corpo redondo em sua extensão, como uma bola de futebol.
**polo:** cada uma das extremidades da Terra, definidas como Polo Norte e Polo Sul.

## O Sistema Solar

O Sistema Solar é composto por oito planetas.

Vivemos no planeta Terra, que é um dos corpos celestes do Sistema Solar.

Um **planeta** é um corpo celeste que gira ao redor de uma estrela e adquire forma arredondada pela força da gravidade. **Estrela**, por sua vez, é uma grande e luminosa esfera que atrai outros corpos pela força da gravidade. A estrela mais próxima da Terra é o Sol.

O conjunto de todos os planetas, cometas, asteroides e demais partículas que giram ao redor do Sol, atraídos pela força da gravidade, forma o **Sistema Solar**.

Os seres humanos sempre olharam para o céu com curiosidade, tentando descobrir o que existia "lá fora". Algumas sociedades mais antigas acreditavam em deuses e deusas que viveriam nas estrelas ou em algum local desse espaço. O próprio Sol foi muitas vezes considerado um deus.

Há muito tempo, os cientistas começaram a observar e a estudar os astros e perceberam que havia movimento e mudanças. Houve uma longa época em que se acreditou que a Terra era o centro do Universo e os demais corpos celestes, inclusive o Sol, giravam em torno dela.

Entretanto, nos séculos XV e XVI cientistas desenvolveram a teoria de que eram os planetas que giravam em torno do Sol, o que pôde mais tarde ser comprovado com a invenção do telescópio. Também se verificou que a própria Terra girava em torno de si mesma e isso acontecia com outros corpos celestes.

Os estudiosos, então, começaram a mapear os demais planetas no Sistema Solar. Os conhecidos atualmente são Mercúrio, Vênus, Terra, Marte, Júpiter, Saturno, Urano e Netuno. Há ainda cinco **planetas-anões**: Ceres, Plutão, Haumea, Éris e Makemake.

Além de planetas, os astrônomos estudam os **cometas** – "bolas" de gelo envoltas em uma cauda gasosa, que se deslocam pelo espaço sideral; os **asteroides** –

corpos rochosos de estrutura metálica que giram também em torno do Sol; e os **meteoritos**, fragmentos dos rochosos e asteroides, cometas e até planetas de tamanhos variados que também circulam no espaço e, às vezes, se chocam com outros corpos celestes, inclusive com a Terra.

Algumas crateras abertas pelo choque com meteoritos podem chegar a quilômetros de diâmetro.

Alguns planetas, como Saturno, apresentam **anéis planetários**, isto é, cinturões de partículas de gelo e poeira que gravitam ao seu redor. Muitos planetas, como o nosso, também têm **satélites**, que são fragmentos que giram ao redor do planeta maior. A Terra tem apenas um satélite, que chamamos de Lua. Já Saturno tem 47 luas! Essas luas adquirem formato arredondado por causa da gravitação e do atrito com asteroides e outros fragmentos.

Existe vida no nosso planeta porque aqui existem as condições básicas para a manutenção da vida: a Terra está envolvida pela **atmosfera** – uma fina camada de ar e vapor de água que contém o oxigênio, um gás que as criaturas vivas necessitam – e também possui água.

O único satélite natural da Terra é a Lua.

## ATIVIDADES

**1.** O que é planeta?

_____

_____

**2** Quais são os menores planetas do Sistema Solar? Como eles são chamados?

_____

_____

**3** Associe corretamente as duas colunas.

- **A** Estrela
- **B** Planeta
- **C** Cometa
- **D** Lua

- ☐ Tem um núcleo formado por gelo e uma cauda gasosa.
- ☐ Fragmento que gira ao redor do planeta e adquire forma arredondada.
- ☐ Corpo celeste que gira ao redor de uma estrela e adquire forma arredondada.
- ☐ Corpo celeste luminoso que produz energia e atrai outros corpos pela força da gravidade.

**4** Complete as frases corretamente.

a) Planeta dotado de anéis e que tem 47 luas: _____.

b) O conjunto de todos os planetas, cometas, asteroides e demais partículas que giram ao redor do Sol, forma o _____.

c) Cientista que estuda os astros e o espaço: _____.

d) Planeta do Sistema Solar onde há vida: _____.

## Movimentos da Terra

Você já observou o "nascer" e o "pôr" do Sol? Como é o "movimento" do Sol? Será que é o Sol que se movimenta? Ou será que é a Terra que se movimenta ao redor dele? E a Lua, e as estrelas, será que também se movimentam?

Embora não pareça, é a Terra que se movimenta ao redor do Sol, e não o contrário. Como estamos nela e nos deslocamos juntos, não percebemos seu movimento.

O planeta Terra se move constantemente: gira em torno de si mesmo, ou seja, em torno do próprio eixo, e ao redor do Sol.

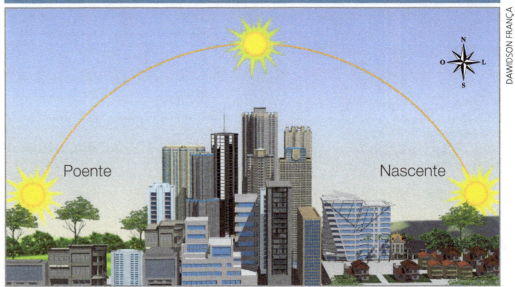

Um observador localizado na superfície terrestre afirmará que o Sol nasce do lado leste do planeta.

## Rotação e translação

O giro da Terra em torno de si mesma dá origem aos dias e às noites. Esse movimento é chamado **rotação**. O sentido desse movimento terrestre é de oeste para leste e o tempo que a Terra leva para dar uma volta completa em torno de si mesma é, aproximadamente, 24 horas, período correspondente a um dia.

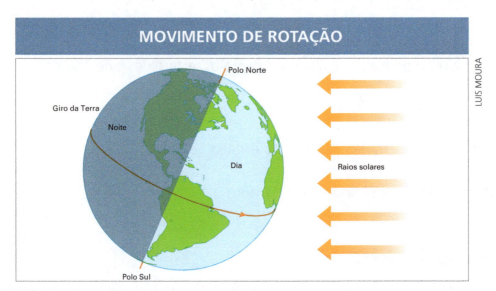

Os raios solares não iluminam toda a superfície terrestre ao mesmo tempo. Assim, quando o Hemisfério Oeste está iluminado, é dia nessa face da Terra e noite no Hemisfério Leste.

Ao mesmo tempo em que gira em torno de si mesma, a Terra também faz uma trajetória ao redor do Sol. Esse movimento é chamado **translação**. Para dar uma volta completa ao redor do Sol, a Terra leva 365 dias, 5 horas, 48 minutos e 46 segundos, o que equivale a, aproximadamente, um ano terrestre.

No calendário que utilizamos, o ano tem 365 dias, e sobram 5 horas, 48 minutos e 46 segundos. Esse tempo restante é somado a cada 4 anos para equivaler a mais um dia inteiro. Por isso, nosso calendário foi ajustado para ter um dia a mais, a cada 4 anos, no mês mais curto, fevereiro, que fica com 29 dias. O ano em que fevereiro fica com um dia a mais é chamado **ano bissexto**.

A Terra realiza os movimentos de rotação e translação, mantendo uma inclinação sobre seu eixo. Esses fatores fazem com que o planeta receba os raios solares de maneira desigual, o que resulta nas estações do ano.

# ATIVIDADES

1. Explique por que temos a impressão de que o Sol se movimenta no céu.

**2** Por que a cada quatro anos é acrescido um dia ao nosso calendário?

_____

_____

_____

_____

**3** Complete a ilustração abaixo com as denominações correspondentes e identifique onde é dia e onde é noite.

Movimento de _____

Polo _____

Raios _____

Polo _____

**4** Relacione cada movimento da coluna da esquerda com as características da coluna da direita.

| A | Rotação |
| B | Translação |
| C | Ano bissexto |

☐ Trajetória que a Terra percorre ao redor do Sol.

☐ A Terra gira em torno de si mesma.

☐ A cada 4 anos, o mês de fevereiro tem 29 dias.

☐ Leva aproximadamente 24 horas para se completar.

☐ Leva aproximadamente 365 dias para se completar.

## Representações da Terra

Há diversas formas de representar a superfície terrestre. Vamos ver duas delas: o globo terrestre e o planisfério.

### Globo e planisfério

O globo e o planisfério são as formas mais utilizadas para representar a Terra.

O **globo** terrestre tem a forma semelhante a uma esfera, como o planeta Terra. Por isso, é a representação mais fiel que podemos ter. Para podermos enxergar toda a superfície terrestre no globo precisamos girá-lo, já que não é possível visualizá-la de uma vez. Veja a imagem ao lado.

O **planisfério** é a representação de toda a superfície terrestre em um único plano. Nele é possível identificar todos os **continentes** e todos os **oceanos** de uma só vez, porque eles aparecem em um único plano. Veja a imagem de um planisfério.

O globo terrestre é uma representação reduzida da superfície do planeta Terra. Note que nele é possível enxergar as áreas com água e as áreas com terra.

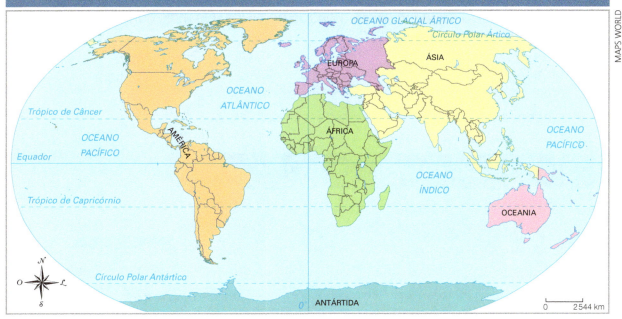

**Fonte:** Atlas geográfico escolar. Rio de Janeiro: IBGE, 2012. p. 34.

### VOCABULÁRIO

**continente:** cada uma das grandes massas de terra contínuas e não cobertas pelas águas. Os continentes são: Europa, Ásia, África, América, Oceania e Antártida.

**oceano:** grande extensão de água salgada. A Terra tem, aproximadamente, 71% de sua superfície coberta por água salgada. Os oceanos são: Atlântico, Pacífico, Índico, Glacial Ártico e Glacial Antártico.

## Linhas imaginárias

O globo terrestre e os diferentes tipos de mapa apresentam **linhas imaginárias**. Elas nos auxiliam a localizar um ponto ou um local na superfície do planeta. Essas linhas são chamadas **paralelos** e **meridianos**.

### Paralelos

Os **paralelos** são linhas imaginárias horizontais que circundam a Terra no sentido leste-oeste. A função dos paralelos é indicar a distância de um ponto da Terra até a Linha do Equador.

A Linha do Equador é o principal paralelo. Ela divide a Terra em duas metades iguais: Hemisfério Norte e Hemisfério Sul. A palavra "hemisfério" quer dizer "metade de uma esfera". Observe o planisfério e o globo terrestre da página anterior. Localize em cada um deles a Linha do Equador. Note que o Brasil está localizado predominantemente no Hemisfério Sul.

**VOCABULÁRIO**

**linhas imaginárias (nos mapas):** linhas que não existem na realidade; foram traçadas nos mapas para nos auxiliar na orientação sobre a vasta extensão da superfície terrestre.

Além da Linha do Equador, existem outros paralelos. Os mais conhecidos e importantes são:

- Trópico de Câncer;
- Trópico de Capricórnio;
- Círculo Polar Ártico;
- Círculo Polar Antártico.

A imagem a seguir indica a posição desses paralelos.

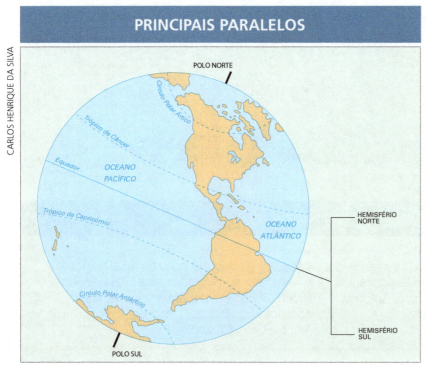

Quais são os paralelos principais que cortam o território brasileiro?

**Fonte:** *Atlas geográfico escolar*. Rio de Janeiro: IBGE, 2012. p. 34.

## Meridianos

Os **meridianos** são linhas imaginárias que circundam a Terra no sentido norte-sul e passam pelos polos (Norte e Sul). Os meridianos servem para indicar a distância entre um ponto na superfície da Terra e o principal meridiano, que é o de Greenwich.

O Meridiano de Greenwich divide a Terra em duas metades iguais: os hemisférios Leste (ou Oriental) e Oeste (ou Ocidental). O Brasil está localizado totalmente no Hemisfério Ocidental.

Greenwich é um distrito de Londres, capital da Inglaterra. Foi ali que, no século XIX, houve uma convenção que estabeleceu o Meridiano de Greenwich como referência para dividir a superfície terrestre nos dois hemisférios.

Observe na imagem abaixo a indicação do principal meridiano da Terra.

Analise o globo terrestre e cite os continentes atravessados pelo Meridiano de Greenwich.

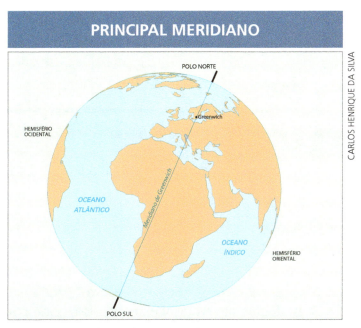

Fonte: *Atlas Geográfico Escolar*. Rio de Janeiro: IBGE, 2012. p. 34.

# ATIVIDADES

**1** Complete as frases com as palavras do quadro.

| globo terrestre | planisfério | Sul | Ocidental |

a) O _____ e o _____ são representações do planeta Terra.

b) Em relação à Linha do Equador, a maior parte das terras do Brasil está localizada no Hemisfério _____.

c) Em relação ao Meridiano de Greenwich, o Brasil está localizado no Hemisfério _____.

**2** Preencha o diagrama de acordo com as informações solicitadas:

a) Representa, em uma superfície plana, todas as partes da Terra.
b) Principal meridiano terrestre.
c) Metade de uma esfera.
d) Principal paralelo terrestre.

**3** Responda:

a) O que são paralelos e qual a sua função?

_____
_____
_____

b) Quais são os principais paralelos que cortam o território brasileiro?

_____

**4** Marque com um **X** os elementos presentes na superfície terrestre do lugar em que você vive.

☐ praia      ☐ edifícios     ☐ fábricas
☐ mata       ☐ rodovias      ☐ fazendas
☐ rios       ☐ plantações    ☐ pontes

☐ outros: _____

## Coordenadas geográficas

Os paralelos e os meridianos formam uma espécie de rede ao se cruzar.

O ponto de encontro de um paralelo com um meridiano chama-se **coordenada geográfica**.

Por meio dessas coordenadas é possível identificar a localização geográfica de qualquer objeto, local ou pessoa na superfície terrestre.

Esse endereço é expresso em **latitudes** e **longitudes**.

A **latitude** é definida pelos paralelos e indica a distância de cada um deles em relação ao paralelo principal – a Linha do Equador.

Os meridianos definem a **longitude**, que indica a distância de cada um deles em relação ao meridiano principal – o de Greenwich. Essas distâncias são medidas em graus.

Observe a indicação dos paralelos e meridianos no planisfério político a seguir.

### LATITUDE E LONGITUDE

Fonte: *Atlas Geográfico Escolar*. Rio de Janeiro: IBGE, 2012. p. 34.

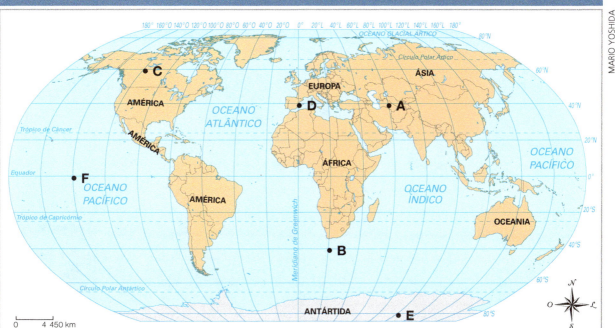

### PLANISFÉRIO: MERIDIANOS E PARALELOS

Fonte: *Atlas Geográfico Escolar*. Rio de Janeiro: IBGE, 2012. p. 34.

Como você pode observar, os paralelos e meridianos são indicados em graus (°).

# ATIVIDADES

**1** Observe, no "Planisfério: Meridiano e Paralelos" da página anterior, que os paralelos são traçados de 20 em 20 graus a partir da Linha do Equador. Da mesma forma, os meridianos representados estão traçados de 20 em 20 graus a partir do Meridiano de Greenwich. Com base nessa informação, encontre as coordenadas geográficas dos pontos indicados:

A: _____   C: _____   E: _____

B: _____   D: _____   F: _____

**2** Observe o globo terrestre a seguir e escreva o nome dos paralelos indicados.

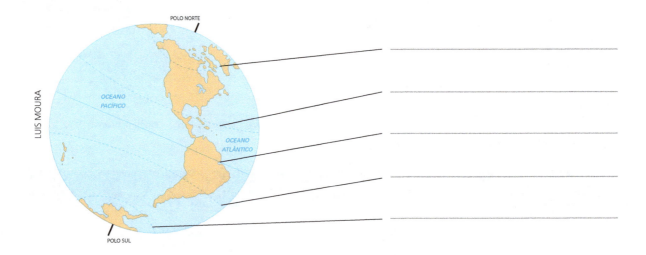

**3** Pinte os oceanos com a cor azul e os continentes com as cores da legenda.

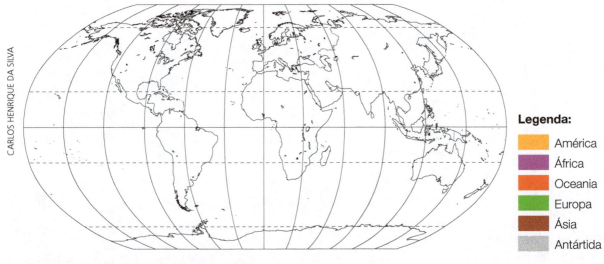

**Legenda:**
- América
- África
- Oceania
- Europa
- Ásia
- Antártida

**Fonte:** *Atlas geográfico escolar*. Rio de Janeiro IBGE, 2012.

**4** Veja, na tabela a seguir, a área dos continentes. Em seguida, construa um gráfico de barras no caderno, usando as cores da legenda da atividade anterior.

| Continente | América | Europa | África | Ásia | Oceania | Antártida |
|---|---|---|---|---|---|---|
| Área (em milhões de km²) | 42,1 | 10,3 | 30 | 44 | 8,4 | 14 |

**5** Observe a ilustração a seguir e escreva o nome dos elementos localizados nas coordenadas indicadas.

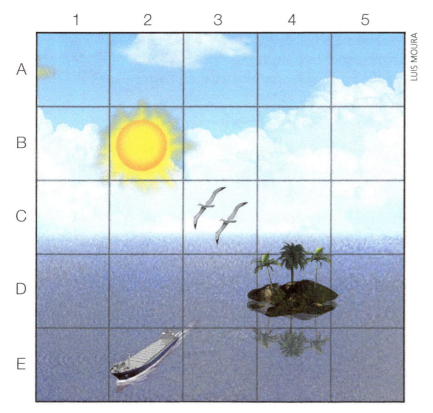

B, 2: _____

C, 3: _____

D, 4: _____

E, 2: _____

## Instrumentos de orientação espacial

Para guiar suas viagens, os antigos navegantes utilizavam instrumentos de orientação como a balestilha, o astrolábio e a bússola.

A **balestilha** servia para medir a posição dos astros, inclusive das estrelas, que auxiliavam os navegadores a se orientar durante a noite.

O **astrolábio** era um instrumento náutico utilizado desde 200 a.C. para observar e determinar a posição do Sol, das estrelas e também para medir a latitude e a longitude de determinado ponto.

Utilizada desde o início do século XIII para localizar os pontos cardeais (norte, sul, leste, oeste), a **bússola** é uma combinação da antiga rosa dos ventos, que possuía 32 pontos de referência, e uma agulha magnetizada, que sempre aponta para o norte.

Antes disso, as estrelas serviram, durante muito tempo, como guias aos viajantes que não dispunham de instrumentos precisos de navegação e, por isso, observavam o céu para saber se estavam seguindo o caminho correto.

Ao norte do Equador (ou seja, no Hemisfério Norte), os navegantes se orientavam principalmente pela estrela Polar e, ao sul (ou seja, no Hemisfério Sul), pela **constelação** do Cruzeiro do Sul.

Balestilha.

Astrolábio.

Bússola antiga.

A constelação do Cruzeiro do Sul pode ser desenhada unindo, por linhas imaginárias, quatro estrelas: na parte superior, a Estrela Rubídea; na parte inferior, a Estrela de Magalhães; e nas laterais, a Estrela Mimosa, à esquerda, e a Estrela Pálida, à direita.

### VOCABULÁRIO

**constelação:** grupos de estrelas definidos e delimitados por astrônomos antigos para facilitar a visualização e a identificação dos astros no céu.

Atualmente, podemos contar com outros instrumentos de orientação espacial, como os satélites artificiais, que auxiliam a monitorar a superfície da Terra, que tem cerca de 510 milhões de quilômetros quadrados.

Os **satélites artificiais** são instrumentos lançados no espaço sideral, cuja função é coletar informações sobre diferentes aspectos da Terra. Os satélites também são usados para captar dados que orientam as pessoas a encontrarem sua posição na superfície terrestre. Um desses instrumentos é o **GPS** (Sistema de Posicionamento Global). Com esse aparelho, motoristas e pilotos têm condições de traçar rotas, calcular o tempo e a distância até seu destino e mapear seu deslocamento.

As informações coletadas pelos satélites podem ser no formato de imagens. Essas imagens são captadas por um sensor e transmitidas para uma estação receptora na superfície da Terra, que interpreta as informações e as traduz em mapas, cartas, tabelas e outras formas de armazenamento de dados.

- A utilização dos satélites artificiais contribui significativamente para o estudo da superfície terrestre, permitindo que seja feita, por exemplo, a previsão do tempo, o acompanhamento da formação e do deslocamento de furacões e ciclones, a localização de áreas desmatadas etc.

Pesquise, em diversos meios de informação, imagens obtidas por satélites artificiais. Traga as imagens à sala de aula e discuta com seus colegas a importância desses recursos para a vida das pessoas.

Os aparelhos e programas mais atuais de GPS permitem que os usuários saibam até mesmo as condições de tráfego e de tempo atmosférico ao longo do seu percurso, podendo, assim, prever rotas alternativas com vias mais acessíveis, garantindo mais segurança e o menor tempo de viagem possível.

## Mapas e escalas

**Mapa** é a representação reduzida de um espaço real no papel ou na tela de um computador.

Por meio dele é possível representar informações como: o contorno de continentes, os limites de países e estados, as variações do relevo, os lagos e os rios, as regiões climáticas, a vegetação predominante em cada região etc.

Além disso, os mapas também podem indicar dados da população, como a densidade demográfica de uma área, dados de economia, índices sociais e muitas outras informações.

Por isso, é preciso aprender a ler e interpretar as informações contidas nos mapas.

Observe os mapas.

**Fonte:** Graça Maria Lemos Ferreira. *Atlas geográfico* – espaço mundial. São Paulo: Moderna, 2010. p. 120.

**Fonte:** *Atlas geográfico escolar*. Rio de Janeiro: IBGE, 2012. p. 90 e 173.

**Fonte:** *Atlas Geográfico Escolar.* Rio de Janeiro: IBGE, 2012. p. 114.

O título do mapa indica a informação principal a ser passada por ele. No mapa acima, podemos identificar a **densidade demográfica** do Brasil, ou seja, a distribuição da população pelo território. No mapa da página anterior o objetivo é mostrar o estado do Rio de Janeiro, mas indicando sua localização também no Brasil, por isso temos o mapa do Brasil em tamanho menor. Além disso o mapa dá destaque para a Região Metropolitana do Rio de Janeiro.

Para compreender os mapas, as informações contidas nas legendas são fundamentais.

Ao ler o mapa desta página, por exemplo, pode-se identificar que as áreas mais próximas ao litoral apresentam maior densidade demográfica, ou seja, têm maior concentração de pessoas.

Assim, sabe-se também pelo mapa que a densidade demográfica do estado de Alagoas é maior que a de Roraima.

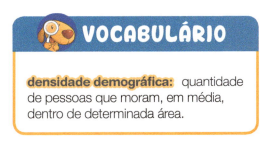

**densidade demográfica:** quantidade de pessoas que moram, em média, dentro de determinada área.

# ATIVIDADES

**1** Analisando o mapa "Brasil: Relevo", da página 22, é possível perceber que cada estado apresenta uma forma de relevo predominante. Qual é a forma de relevo predominante nos estados de Santa Catarina e do Paraná?

_____

_____

**2** As áreas de planície são comuns no litoral e nas áreas próximas aos grandes rios brasileiros. Exemplifique essa afirmação.

_____

_____

**3** Agora, analise o mapa "Brasil: Densidade Demográfica", da página 23, para responder aos itens a seguir.

**a)** Qual destes estados apresenta maior densidade demográfica?

☐ Mato Grosso. ☐ Maranhão. ☐ Rio de Janeiro.

**b)** As áreas de maior densidade demográfica no Brasil estão:

☐ mais próximas ao Oceano Atlântico.

☐ na Região Norte.

☐ na parte central do Brasil.

**4** Com base nas informações contidas nos mapas "Brasil: Relevo" e "Brasil: Densidade Demográfica", indique a principal formação de relevo no estado onde você mora.

_____

_____

## Trabalhando com escalas

Como você sabe, um mapa pode trazer uma série de informações, como a área ocupada pelos rios, pela vegetação, pela população, as formas de relevo e outros dados sobre determinado espaço.

O mapa é a representação de um espaço real. Essa representação é feita de forma reduzida e proporcional à realidade. A redução é expressa por meio da **escala**, que estabelece quantas vezes o espaço real sofreu redução até chegar nas dimensões do mapa.

Assim, pela escala podemos conhecer a distância entre dois ou mais pontos em um local.

A escala pode ser representada por uma espécie de régua. Veja o exemplo a seguir.

A escala informa que 1 centímetro (cm) desenhado no papel corresponde a 120 metros no espaço real. Por exemplo, medindo a distância entre a escola e a prefeitura com uma régua, obtemos a distância de 2 centímetros. Veja na imagem a seguir:

Se 1 centímetro na planta vale 120 metros no espaço real, então 2 x 120 = 240. Isso equivale a dizer que entre a escola e a prefeitura há uma distância real de 240 metros.

# ATIVIDADES

 Por meio da **escala** podemos descobrir as dimensões reais dos objetos e do **espaço geográfico** representado, obter informações com relação à distância de percursos, comprimento de ruas e rios e calcular áreas.

Vamos desenhar a mesa do professor em **escala**? Você vai precisar de:

- um rolo de barbante;
- uma folha de papel sulfite;
- lápis;
- régua.

Como fazer:

**1º passo:** Com seu professor, estique o barbante no lado maior da mesa e, depois, com uma régua, veja a medida do pedaço utilizado.

**2º passo:** Dobre o barbante ao meio e continue a dividi-lo em partes iguais, até que o tamanho dessas partes caiba no lado maior da folha de papel sulfite.

Agora, responda: Quantas vezes você dobrou o barbante?

_____

Essa é a **escala** do seu desenho!

Supondo que você tenha dobrado o barbante em 6 pedaços, a escala do desenho será 1: 6. Isso significa que o desenho vai representar a mesa em tamanho 6 vezes menor do que o tamanho real dela.

**3º passo:** Com a régua, desenhe o lado maior da mesa na folha de sulfite, dividindo a medida da mesa por seis. Por exemplo, se o lado maior da mesa tem 60 cm, faça a conta 60 ÷ 6 = 10, representando o lado maior da mesa com 10 cm na folha.

**4º passo:** Agora que você encontrou a escala e desenhou o lado maior, desenhe o lado menor. Para isso, meça com a régua o tamanho real e divida por seis, chegando ao tamanho a ser representado na folha de sulfite, na escala 1: 6. Por exemplo, se o lado menor da mesa tem 30 cm, faça a conta 30 ÷ 6 = 5, representando o lado menor da mesa com 5 cm na folha.

**5º passo:** Agora, utilizando seus conhecimentos matemáticos, trace os outros dois lados paralelos da mesa finalizando o desenho.

**2** Analise a planta e complete as frases.

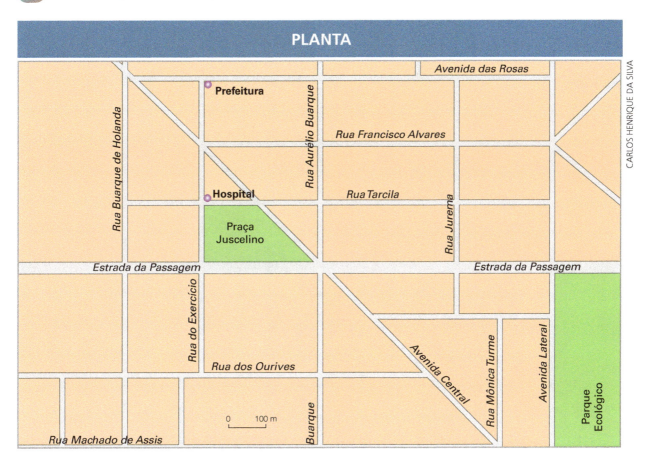

a) A escala informa que 1 cm desenhado no papel equivale a _____ no espaço real.

b) Com uma régua, meça a distância entre a prefeitura e o hospital. O resultado que você lê na régua é de _____.

c) Se 1 cm no mapa equivale a 100 metros no espaço real, então 3 x 100 = _____. A distância real entre a prefeitura e o hospital é de aproximadamente _____.

3. Observe a escala do mapa do Brasil dividido em estados. Realize cálculos, quando necessário, e preencha as frases com base no mapa e na escala indicada nele.

Fonte: *Atlas Geográfico Escolar*. Rio de Janeiro: IBGE, 2012. p. 90.

a) A escala nos informa que cada centímetro da representação corresponde, na verdade, a _____.

b) Se medirmos no mapa a distância entre Rio de Janeiro, capital do Rio de Janeiro, e Vitória, capital do Espírito Santo, encontraremos 1 centímetro. Se cada centímetro do mapa equivale a 500 quilômetros, sabemos que a distância real entre essas duas cidades é de _____.

c) Na régua, a distância entre Goiânia e Rio de Janeiro é de _____. Então, _____ × 500 = _____.

d) Na régua, a distância entre Goiânia e Salvador é de _____. Então, a distância real entre essas duas cidades é de _____.

**e)** Na régua, a distância entre Macapá e João Pessoa é de _____. Então, a distância entre essas duas cidades é de _____.

## Medindo distâncias

Medimos pequenas distâncias com uma régua, idêntica à que você utilizou para fazer as atividades anteriores. A régua abaixo, por exemplo, mede 10 cm (dez centímetros).

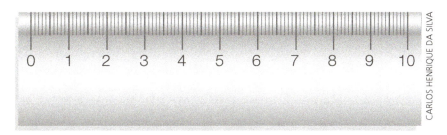

Observe que entre os números há 10 risquinhos. Cada risquinho equivale a 1 mm (um milímetro). Então, 1 cm equivale a 10 mm.

1 cm = 10 mm

Para medir sua altura ou o tamanho da sala de aula você pode utilizar uma fita métrica (utilizada por costureiros) ou uma trena.

Na ilustração ao lado, a menina utiliza uma fita métrica de 1 metro para medir a altura do menino.

Na ilustração abaixo, as crianças estão medindo a sala de aula com a ajuda de uma trena. O comprimento da sala de aula é de 3 metros, ou seja, 300 centímetros.

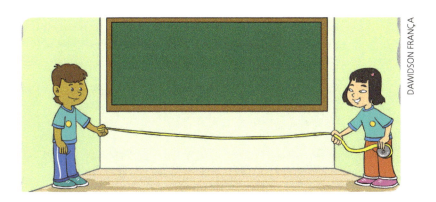

Se 1 m = 100 cm
3 m = 3 x 100
3 m = 300 cm

Existem outros equipamentos para medir distâncias. Um deles é o **distanciômetro**, muito utilizado para a elaboração de mapas.

A distância que o engenheiro mediu na foto abaixo foi 1 km (um quilômetro).

1 km = 1 000 m

Milímetro, centímetro, metro e quilômetro: essas são as unidades de medida mais importantes que você precisa conhecer.

## ATIVIDADES

Indique o melhor instrumento para medir:

a) uma casa – _____

b) um cômodo – _____

c) uma caixa de sapato – _____

d) uma rua – _____

e) uma pessoa – _____

f) um caderno – _____

## EU GOSTO DE APRENDER

Leia o que você estudou nesta lição.

- Vivemos no planeta Terra, que faz parte do Sistema Solar, com outros corpos celestes que gravitam ao redor do Sol.

- Entre os corpos celestes destacam-se os planetas. Os planetas próximos do Sol são: Mercúrio, Vênus, Terra e Marte. Os mais afastados são: Júpiter, Saturno, Urano e Netuno. Há cinco planetas-anões: Ceres, Plutão, Haumea, Éris e Makemake.

- Os asteroides são fragmentos rochosos de tamanhos variados. Os anéis planetários são cinturões em torno de alguns planetas feitos de partículas de gelo e poeira.

- A Terra se movimenta em torno do Sol (movimento de translação) e também ao redor de si mesma (movimento de rotação).

- O movimento de translação percorre uma trajetória de 365 dias, 5 horas e 48 minutos e 46 segundos ao redor do Sol. O nosso calendário se baseia nessa trajetória. O tempo restante de cada ano é somado e, a cada 4 anos, temos o chamado ano bissexto.

- O movimento de rotação, realizado de oeste para leste, dura 24 horas para uma volta completa, resultando nos dias e noites.

- A representação da Terra pode ser feita por meio do globo terrestre e do planisfério.

- Para a localização de locais na superfície da Terra usam-se linhas imaginárias, que podem ser os paralelos (linhas imaginárias horizontais que circundam a Terra de leste para oeste) e os meridianos (linhas imaginárias verticais que circundam a Terra de norte a sul e passam pelos polos).

- O ponto de encontro entre um paralelo e um meridiano é chamado coordenada geográfica e serve para a localização de qualquer objeto, pessoa ou local sobre a superfície do planeta.

## ATIVIDADES

**1** Escreva uma definição de Sistema Solar.

_____

_____

**2** Escreva o nome dos planetas do Sistema Solar.

_____

_____

**3** Marque com um **X** apenas as frases corretas.

☐ O Sol se movimenta ao redor da Terra e é esse movimento que resulta no dia e na noite.

☐ A Terra gira ao redor de si mesma e esse movimento se chama rotação.

☐ O movimento de translação do nosso planeta resulta nas estações do ano.

☐ Tanto o movimento de rotação como o de translação são movimentos imaginários.

**4** Complete as frases com as palavras do quadro.

> Meridiano de Greenwich    Linha do Equador    localização
> globo terrestre    coordenadas geográficas    planisfério

a) Para representar a Terra, podem ser usados tanto o _____ como o _____.

b) O paralelo mais importante, a partir do qual se calculam as latitudes, é a _____.

c) O meridiano usado como inicial para o cálculo das longitudes é o _____.

d) Os pontos em que paralelos e meridianos se encontram servem para _____ de objetos, seres humanos e locais. Esses pontos são chamados _____.

## EU GOSTO DE APRENDER +

### Uma viagem de 10 anos pelo Sistema Solar

Os seres humanos observam e estudam o Sistema Solar há milênios, mas foi só no século XX, com o avanço da ciência, conseguiram mandar naves espaciais para fora da Terra. Em 1969, astronautas norte-americanos desembarcaram na Lua e, depois disso, muitas naves não tripuladas partiram para explorar locais cada vez mais distantes do nosso sistema planetário.

Em 2014, uma realização incrível aconteceu quando a sonda Rosetta, enviada por países europeus, completou uma jornada de 10 anos e chegou no entorno de um cometa. Essa nave enviou para o cometa um robô, que conseguiu aterrissar e passou a enviar dados científicos para a Terra.

A sonda Rosetta foi programada para realizar 11 experimentos científicos. Ela decolou em 2 de março de 2004, percorreu 6,5 bilhões de quilômetros e chegou perto do cometa em 6 de agosto de 2014. Nesse tempo de viagem, encontrou o asteroide Steins, em agosto de 2008, e o asteroide Lutetia, em julho de 2010.

Depois de 12 anos de viagem e 100 mil imagens tiradas, a equipe de controle espacial fez a sonda colidir com o cometa, em 2016. Por causa da distância que estava do Sol, não havia mais como abastecê-la de energia.

Os dados colhidos por ela serão estudados por décadas.

## ATIVIDADES COMPLEMENTARES

1. De acordo com esse texto, os seres humanos começaram a observar e a estudar o Sistema Solar:

☐ após o desembarque de astronautas na Lua, em 1969.

☐ apenas no século XX, quando a ciência possibilitou construir naves espaciais.

☐ há milênios.

☐ após o envio da nave Rosetta.

**2** Em sua opinião, por que o desembarque de um robô feito por seres humanos em um cometa é importante?

_____

_____

_____

_____

**3** Complete de acordo com as informações do texto.

No ano de _____ a sonda _____ completou uma viagem de 10 anos pelo Sistema _____, até chegar nas proximidades de um _____. Essa sonda espacial enviou então um _____ para analisar as condições do corpo celeste e enviar dados para _____. A sonda Rosetta percorreu _____ de quilômetros e tirou _____ imagens científicas.

## LEIA MAIS

**A história das estrelas**

Neal Layton. São Paulo: Companhia das Letrinhas, 2014.

História da astronomia para as crianças, de Galileu até as viagens espaciais recentes.

# Meu município

Vamos conhecer os municípios?

Os municípios são as menores divisões territoriais de um país e abrangem tanto as áreas urbanas como as rurais. No Brasil, os municípios são as divisões dos estados que compõem o nosso país. Em qual município você mora?

Observe o mapa.

**Fonte:** *Atlas Geográfico Escolar*. Rio de Janeiro: IBGE, 2012.

Você consegue localizar no mapa do Brasil o estado no qual você e seus colegas vivem? Contorne esse estado com lápis de cor.

Podemos observar o Brasil dividido em estados e, no detalhe, todos os municípios do estado de Sergipe.

As pessoas que vivem nos municípios, seja na área urbana ou na área rural, precisam receber alguns serviços básicos, como água encanada, energia elétrica e assistência médica, entre outros. Vamos conhecer mais sobre o funcionamento de um município e os serviços essenciais a todos os cidadãos.

## O município onde eu vivo

Cada município tem uma paisagem diferente. Alguns são muito populosos, outros são predominantemente urbanos etc.

Relembre o caminho que você faz todos os dias para transitar entre a escola em que estuda e a sua moradia.

Quais são os principais elementos da paisagem existentes? É um lugar predominantemente urbano ou rural?

## ATIVIDADES

**1** Faça uma lista indicando algumas características da paisagem existentes no caminho entre a sua moradia e a escola.

_____
_____
_____
_____
_____
_____
_____

**2** Você conhece as pessoas que passam por esse caminho? Você sabe se elas sempre moraram na cidade onde você vive? Faça uma pesquisa na sua comunidade escolar e responda em seu caderno:

- As pessoas que trabalham na escola onde você estuda já moraram em outra cidade?
- Tem algum colega de turma que já morou em outra cidade?

**3** Produza um desenho simples do caminho entre sua moradia e a escola na qual você estuda. Neste desenho, indique os principais pontos de referência, como comércios e prédios históricos e elementos marcantes da paisagem. Ao final, mostre aos colegas e verifique se vocês representaram os mesmos elementos ou caminhos parecidos.

**4** Algumas construções das cidades contam a história da sua população. Os prédios históricos são exemplos.

Faça uma pesquisa no *site* do municipio onde você vive sobre essas construções e responda:

- É possível perceber, nessas construções, contruibuições dos seus primeiros moradores? Qual é a oringem desses moradores?

_____
_____
_____
_____

## Os serviços públicos

O governo do município deve garantir que algumas necessidades básicas da população sejam atendidas. Assim, ele é responsável por oferecer alguns serviços que garantam a saúde e o conforto das pessoas que vivem no município.

Todos os habitantes dos municípios pagam **impostos** e taxas ao governo.

Conheça alguns serviços públicos prestados pelo município:
- construção de rede de água e esgoto;
- tratamento da água para beber e tratamento do esgoto;
- coleta de lixo;
- calçamento, limpeza e arborização de ruas, praças etc.;
- serviços de transporte coletivo;
- construção e conservação de estradas, pontes, ruas etc.;
- construção e funcionamento de escolas, creches, parques infantis, bibliotecas públicas etc.;
- construção de postos de saúde, prontos-socorros, hospitais públicos;
- criação e conservação de áreas de lazer etc.

**VOCABULÁRIO**

**imposto:** dinheiro cobrado obrigatoriamente de cidadãos e empresas com o objetivo de financiar as obras e os serviços públicos de educação, saúde, assistência social, entre outros, de modo a beneficiar toda a sociedade de maneira igualitária.

*Criança cidadã.* Portalzinho CGU. Glossário. Disponível em: <www.portalzinho.cgu.gov.br/glossario/i>. Acesso em: 20 ago. 2018.

Serviço de coleta de lixo na cidade de Candelária, no Rio Grande do Sul, em 2013.

Estação de Tratamento de Esgoto da cidade de Campinas, em São Paulo, 2010.

Alguns serviços públicos, como água, luz e telefone, podem passar do governo para empresas particulares, isto é, podem ser privatizados. Nesse caso, são essas empresas que executam e recebem por eles, sob a fiscalização do governo.

Os serviços públicos são executados por diversos servidores, chamados funcionários públicos.

Os governos dos estados e do país também são considerados serviços públicos e cobram impostos e taxas da população para funcionarem.

Observe alguns servidores:

Os médicos de hospitais públicos e funcionários da escola pública são exemplos de funcionários públicos.

## ATIVIDADES

1. Decifre o código e descubra o nome das menores divisões territoriais de um país.

| 1 | 2 | 3 | 4 | 5 | 6 | 7 | 8 | 9 |
|---|---|---|---|---|---|---|---|---|
| I | M | B | K | U | L | E | N | V |

| 10 | 11 | 12 | 13 | 14 | 15 | 16 | 17 |
|----|----|----|----|----|----|----|----|
| T  | C  | A  | F  | O  | H  | Í  | P  |

| 2 | 5 | 8 | 1 | 11 | 16 | 17 | 1 | 14 |
|---|---|---|---|----|----|----|---|----|
|   |   |   |   |    |    |    |   |    |

2. Liste três serviços públicos que devem ser oferecidos aos cidadãos.

_____

_____

3. Como os governos municipal, estadual e federal mantêm os serviços públicos que atendem à população?

_____

**4** Responda:

a) Para manter os serviços públicos, os governos cobram taxas e impostos da população. O que são taxas?

_____

b) E o que são impostos?

_____

**5** Encontre no diagrama três aspectos comuns a todos os municípios.

| A | S | C | V | H | U | U | M | K | G |
|---|---|---|---|---|---|---|---|---|---|
| C | G | B | J | E | S | G | O | T | O |
| R | G | G | N | H | B | F | E | W | V |
| V | B | H | E | F | A | M | O | C | E |
| A | S | C | B | G | J | K | O | Ç | R |
| D | V | B | F | B | N | R | H | D | N |
| A | K | K | R | T | F | D | S | B | O |
| P | O | P | U | L | A | Ç | Ã | O | Q |

**6** Pesquise e registre os dados do município onde você vive.

Nome do município: _____

Estado em que se localiza: _____

Número de habitantes: _____

A maior parte dos habitantes está na:

☐ Área rural            ☐ Área urbana

**7** No município onde você mora existe:

a) posto de saúde? ☐ sim ☐ não

b) limpeza pública? ☐ sim ☐ não

c) água encanada? ☐ sim ☐ não

d) destino certo para o lixo? ☐ sim ☐ não

e) boa distribuição de alimentos? ☐ sim ☐ não

f) conservação de ruas e parques? ☐ sim ☐ não

g) transporte coletivo? ☐ sim ☐ não

h) áreas de lazer? ☐ sim ☐ não

**8** Responda em seu caderno.

a) Quem deve garantir as necessidades básicas da população do município?

b) Que nome recebe o dinheiro que é cobrado obrigatoriamente de todos os cidadãos?

c) Como são chamados os servidores que executam os serviços públicos?

## O menor município do Brasil

Em 2013, uma pesquisa revelou qual era o menor município do Brasil. Leia um trecho da notícia:

O município de Serra da Saudade (MG) aparece como o menor do Brasil, de acordo com o Instituto Brasileiro de Geografia e Estatística (IBGE). O dado, referente a 1º de julho deste ano, foi publicado no "Diário Oficial da União" desta quinta-feira (29).

Serra da Saudade conta com apenas 825 habitantes, nove a menos do que Borá (SP), que ocupava a posição de menor cidade do país desde 1991, segundo o IBGE. As duas cidades são as únicas do país que têm menos de mil moradores. O terceiro menor do país é Araguainha (MT), com 1 024, seguido por Anhanguera (GO), com 1 082.

Na outra ponta da tabela, São Paulo continua como a cidade mais populosa do Brasil. São 11 821 876 habitantes. Depois aparecem Rio de Janeiro (6 429 922), Salvador (2 883 672), Brasília (2 789 761), Fortaleza (2 551 805) e Belo Horizonte (2 479 175).

[...]

G1. Com 825 habitantes, cidade mineira é a menor do Brasil. São Paulo, 29 out. 2013. Disponível em: <http://g1.globo.com/brasil/noticia/2013/08/com-825-habitantes-cidade-mineira-e-menor-do-brasil.html>. Acesso em: 20 ago. 2018.

Serra da Saudade, localizada a cerca de 250 quilômetros de Belo Horizonte, é o menor município do Brasil, e o menos populoso de Minas Gerais.

## ATIVIDADES

**1** A notícia fala que o menor município do Brasil em 2013 era:

☐ Borá.  ☐ Araguainha.

☐ Serra da Saudade.  ☐ São Paulo.

**2** O critério utilizado para definir o menor município do país foi:

☐ o tamanho da população.  ☐ a área territorial ocupada.

**3** A notícia também indica qual é o maior município do Brasil. Escreva o nome desse município: _____.

**4** Preencha a tabela, de acordo com os dados da notícia:

|   | Menores municípios | Estado em que fica | Maiores municípios | Estado em que fica |
|---|---|---|---|---|
| 1 |   |   |   |   |
| 2 |   |   |   |   |
| 3 |   |   |   |   |

**5** Pesquise quantos habitantes existem em seu município. De acordo com a população, seu município é pequeno como a Serra da Saudade ou grande como os maiores do Brasil?

_____

_____

## A administração do município

Para garantir que todos os serviços públicos sejam oferecidos, os municípios contam com uma administração.

Quem comanda o município é o prefeito, que é eleito pelo voto dos cidadãos e fica no poder por quatro anos, podendo ser reeleito para mais quatro anos de governo. Ele é ajudado pelo vice-prefeito e por vários secretários. Cada secretário é responsável por um setor da administração do município; por exemplo, existe um secretário para cuidar de questões relacionadas à saúde; outro, para cuidar dos assuntos de educação etc.

Para fazer as leis do município, existem os vereadores. Eles também são eleitos pelo voto dos cidadãos e, assim como o prefeito, têm mandato de quatro anos. Eles se reúnem na Câmara Municipal e devem fiscalizar a administração do município.

## Poder Executivo

O **Poder Executivo** tem a função de cuidar das necessidades da população. É também responsável por garantir que essas necessidades sejam atendidas dentro do que é permitido pelas leis.

O prefeito é o principal representante do Poder Executivo no município. Sua função mais importante é a execução das leis e a administração correta do dinheiro arrecadado de impostos e taxas pagos pelos cidadãos. Quando precisa se afastar do cargo, ele é substituído pelo vice-prefeito. Os dois trabalham na Prefeitura Municipal.

Para ajudá-lo na administração do município, o prefeito escolhe pessoas que ficam responsáveis por determinados setores do funcionamento da cidade: são os secretários municipais. Eles administram as Secretarias Municipais, que devem prestar serviços à população, especialmente nas áreas de educação, obras públicas, saúde, segurança pública, entre outras.

## Poder Legislativo

O **Poder Legislativo** tem a função de reunir representantes políticos para criar novas leis, bem como fiscalizar o cumprimento das leis por parte do Poder Executivo.

Os vereadores são os representantes do Poder Legislativo no município. Por isso, quando os vereadores são eleitos pelo povo, eles se tornam os porta-vozes dos interesses de toda a população. Seu local de trabalho são as Câmaras Municipais.

O prefeito e seus assessores trabalham na prefeitura, um edifício que abriga parte da administração do município. Foto da prefeitura de Rio Branco, Acre, em 2010.

Vereadores analisam projeto na Câmara Municipal de Campo Grande (MS), em 2017.

## Poder Judiciário

O **Poder Judiciário** não faz parte do governo municipal. Ele pertence ao governo do estado e do Distrito Federal.

Esse poder tem a função de resolver, com base nas leis, a melhor solução para uma situação de conflito entre os cidadãos. Os representantes do Poder Judiciário – juízes, promotores públicos e advogados – são responsáveis por fiscalizar se os poderes Executivo e Legislativo estão respeitando e cumprindo a Constituição do Brasil. Os representantes do Poder Judiciário trabalham no Fórum Municipal.

Fórum de Canelinha, SC.

Os poderes Executivo, Legislativo e Judiciário devem trabalhar juntos para promover o bem-estar da comunidade municipal e resolver problemas da população.

# ATIVIDADES

**1** Relacione as colunas correspondentes.

| A | Elaboram as leis do município. | ☐ Prefeito. |
|---|---|---|
| B | Responsável por um setor da administração do município. | ☐ Vereadores. |
| C | Governa o município. | ☐ Secretário. |

**3** Marque com um **X** a resposta certa.
Prefeitos, vice-prefeitos e vereadores são escolhidos:

☐ de 3 em 3 anos.   ☐ de 4 em 4 anos.   ☐ de 5 em 5 anos.

**4** Como são escolhidos os prefeitos e vereadores?

_____

**5** Escreva **E** se o representante for do **Poder Executivo**, **L** se for do **Legislativo** e **J** se for do **Judiciário**.

☐ senador            ☐ presidente         ☐ deputado estadual

☐ governador         ☐ prefeito           ☐ deputado federal

☐ juiz               ☐ vereador           ☐ promotor público

**6** Assinale a alternativa correta.

**a)** Bens ou serviços públicos são...

☐ aqueles que pertencem a uma única pessoa.

☐ aqueles que atendem e pertencem a todas as pessoas.

**b)** As leis brasileiras mais importantes fazem parte da:

☐ Constituição do Brasil.   ☐ Legislação do município.

**7** Use as palavras do quadro para completar corretamente as frases a seguir.

> Câmara Municipal - Poder Executivo
> prefeito - secretários - vereadores

**a)** O município é governado pelo prefeito, que exerce o _____.

**b)** Os _____ pertencem ao Poder Legislativo.

**c)** O prefeito recebe o auxílio dos _____ para realizar seu trabalho.

**d)** O _____ trabalha na prefeitura.

**e)** A _____ é o local onde os vereadores trabalham.

**8** Responda:

**a)** Qual é a função do prefeito?
_____

**b)** E do vice-prefeito?
_____

**c)** De que os vereadores são encarregados e onde trabalham?
_____
_____

**9** Complete a ficha a seguir com informações do município onde você vive.

Nome do prefeito: _____

Nome do vice-prefeito: _____

Desde quando estão no cargo: _____

Quantos vereadores há no município?

_____

Nome de dois vereadores do município:

_____

Data da última eleição para prefeito e vereadores?

_____

Qual é o salário do prefeito?

_____

Qual é o salário do vice-prefeito?

_____

Qual é o salário dos vereadores?

_____

**10** Pesquise na internet os endereços dos órgãos públicos de seu município. Indique o endereço do prédio e também o *site* destes órgãos:

a) Prefeitura
Endereço: _____

_____

*Site*: _____

b) Câmara de Vereadores
Endereço: _____

_____

*Site*: _____

c) Fórum Municipal
Endereço: _____

_____

*Site*: _____

## EU GOSTO DE APRENDER

Com o professor, leia o que você estudou nesta lição.
- Serviços públicos são aqueles prestados à população. Os serviços públicos são mantidos por meio de impostos e taxas.
- Aqueles que trabalham nos serviços públicos são funcionários públicos.
- O prefeito, o vice-prefeito e os vereadores são eleitos por um período de 4 anos.
- O conjunto de municípios forma um estado, que é uma divisão administrativa do Brasil.

## ATIVIDADES

**1** Marque com um **X** quem faz parte do governo municipal:

- ☐ prefeito
- ☐ vice-prefeito
- ☐ governador
- ☐ presidente
- ☐ vereadores
- ☐ deputados estaduais
- ☐ senadores
- ☐ juízes
- ☐ vice-presidente

**2** Faça a pesquisa e responda:

a) Qual a população do município onde você mora?
_____

b) Qual a população do estado onde você mora?
_____

c) Na sua opinião há muitas ou poucas pessoas vivendo em seu município?
_____

## EU GOSTO DE APRENDER +

### Os cidadãos do município e o lazer

Todos nós precisamos descansar, nos distrair e nos divertir. As atividades que fazemos nesses momentos são atividades de lazer.

Ter lazer de boa qualidade é um direito de todos os cidadãos e os municípios devem oferecer formas de lazer, como cinemas, teatros, museus, jardins zoológicos, praças e parques, áreas para prática de esporte, piscinas etc.

Nas áreas rurais, há outras opções de lazer, como áreas para pesca, rios e cachoeiras, espaço para andar a cavalo, entre outros.

Além dos locais de lazer no município, as pessoas podem encontrar outras formas para se distrair e descansar. Ler, ouvir música, assistir à televisão, conversar, fazer trabalhos manuais, por exemplo, podem proporcionar bons momentos de lazer a todos.

Pessoas se divertem no lago do Parque Portugal, Campinas (SP), em 2018.

Passeio a cavalo em área rural. Minas Gerais, em 2014.

## ATIVIDADES COMPLEMENTARES

**1.** Circule as formas de lazer que podem ser oferecidas pelo município.

praça   edifícios   zoológico   feira   ciclovia
lojas   museu   teatro   casas   clube

**2** Elabore no caderno um roteiro de passeio a um local de lazer em sua cidade. Complete o folheto com os dados abaixo e ilustre-o.

- Local
- Como chegar
- O que há para fazer
- Melhor dia para visitar

**3** Responda:

a) Como você gosta de passar suas horas de lazer e diversão?

_____

_____

b) Como é o lugar em que você costuma se divertir?

_____

_____

**4** Encontre, no diagrama, quatro formas de se divertir.

| R | W | D | U | X | Q | P | L | E | R |
|---|---|---|---|---|---|---|---|---|---|
| Y | E | J | E | B | C | A | L | I | I |
| C | O | N | V | E | R | S | A | R | Y |
| O | V | Z | E | W | E | S | B | N | W |
| E | K | I | U | M | G | E | B | C | X |
| A | O | D | A | N | Ç | A | R | Ç | S |
| T | R | L | O | V | C | R | T | O | R |

5. Troque cada letra pela anterior no alfabeto e descubra o nome de uma forma de lazer.

6. Observe esta imagem e responda à questão.

a) Como as crianças retratadas no quadro estão se divertindo?

_____

b) Escreva duas brincadeiras que fazem você se divertir.

_____

## LEIA MAIS

Vários autores. Coleção Nossa Capital. São Paulo: Cortez, 2015.

Para cada capital brasileira, um livro lindamente ilustrado, contando a história da cidade e falando de seus principais atrativos.

# LIÇÃO 3

# O município

Você já viu que o Brasil está dividido em estados, e os estados estão divididos em municípios. Além disso, aprendeu a interpretar diferentes informações representadas em mapas.

## Você vive em um município

O município é formado pela cidade, que é a zona urbana, e pelo campo, que é a zona rural. A cidade é a sede do município.

Em alguns municípios, a área urbana cresceu tanto que invadiu a área rural.

A área urbana de um município geralmente possui maior quantidade de pessoas e uma grande concentração de construções e serviços.

Na área rural de um município, as construções são mais distantes umas das outras e há predomínio de áreas verdes, onde são criados animais, cultivadas plantações ou instaladas indústrias de transformação de produtos agrícolas.

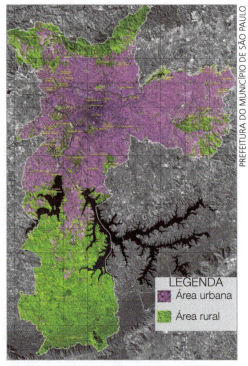

Imagem de satélite do município de São Paulo.

## ATIVIDADES

 Complete a ficha do lugar onde você mora.

Nome da rua: _____

_____

Nome do bairro: _____

Nome do município: _____

**2** Assinale a alternativa que indica o lugar no qual você mora.

☐ área rural    ☐ área urbana

**3** Quais são as características do lugar onde você mora?

_____

_____

**4** A escola na qual você estuda fica no mesmo bairro em que você mora?

_____

**5** O bairro no qual você mora é rural ou urbano?

_____

**6** O município em que você vive é mais urbano ou rural?

_____

**7** Observe as imagens a seguir e responda oralmente.

São Paulo (SP), 2017.

Fazenda em Pirenópolis, (GO), 2017.

- A paisagem retratada na fotografia 1 é predominantemente urbana. Quais elementos culturais existem nela?
- A paisagem retratada na fotografia 2 é predominantemente rural. Quais elementos naturais existem nela?

53

## Limites municipais

Assim como os estados, os municípios também têm divisas ou limites. São linhas imaginárias, criadas pelos seres humanos. Seus limites podem ser naturais ou artificiais.

Rios, lagos, oceanos e outras formas de relevo são **limites naturais**, não apenas entre municípios, mas também entre estados e países.

Ferrovias, rodovias, ruas, cercas de arame ou madeira, placas, marcos e outros elementos construídos pelo ser humano são **limites artificiais**.

Placa de sinalização de limite entre os municípios de Araruama e Rio Bonito, no Rio de Janeiro, 2013.

# ATIVIDADES

**1.** Identifique as possíveis formas de limite entre municípios, escrevendo **N** para **limites naturais** e **A** para **limites artificiais**.

☐ rio                ☐ ponte

☐ cerca              ☐ mar

☐ ferrovia           ☐ lagoa

☐ rodovia            ☐ serra

**2.** Nos limites do município onde você vive há elementos naturais ou apenas elementos construídos pelos seres humanos?

_____

_____

**3** Observe a ilustração ao lado. Localize o município de Correntes e complete as frases.

a) A oeste do município de Correntes está o município de

_____.

Entre eles há um limite:

☐ Natural.

☐ Artificial.

Esse limite é um _____.

b) A noroeste do município de Correntes está o município de _____.

Entre eles há um limite:

☐ natural.  ☐ artificial.

Esse limite é uma _____.

c) A nordeste do município de Correntes está o município de _____.

Entre eles há um limite:

☐ natural.  ☐ artificial.

Esse limite é uma _____.

**4** Analise a ilustração ao lado e responda.

a) Que municípios aparecem na ilustração?

_____

_____

b) O que separa o município de Piriri do município de Piramboia?

_____

c) Qual é o limite entre os municípios de Piramboia e de Ingá?

_____

d) O que separa o município de Piramboia dos municípios de Pinhal e Joá?

_____

## Atividades nos municípios

As zonas urbanas são caracterizadas pela aglomeração de pessoas e pela grande oferta de serviços, empresas e indústrias.

Região central da cidade de Curitiba (PR), em 2018.

Pedestres na região da Rua 25 de Março, uma das principais ruas comerciais de São Paulo, em 2014.

O campo (ou zona rural) é caracterizado pelas atividades agrárias e há uma aglomeração menor de pessoas. As moradias são mais distantes umas das outras e é comum que a população dessa área precise deslocar-se às cidades para obter alguns serviços.

Área de zona rural com criação de gado, localizada em São Paulo (SP).

Área de zona rural com plantação, localizada em Inhaúma (MG).

## EU GOSTO DE APRENDER

Nesta lição, você estudou estes itens.
- O município é o conjunto de um espaço urbano e de um espaço rural.
- O município tem limites, isto é, linhas imaginárias, demarcando seu espaço total.
- Esses limites podem ser naturais, como rios, montanhas e outros, ou artificiais, como ferrovias, pontes etc.
- O espaço urbano é também chamado de zona urbana e é o local da cidade onde predominam o comércio e os serviços.
- O espaço rural ou zona rural é o campo, onde se realizam atividades agropecuárias.

## ATIVIDADES

**1** Quais são os limites do seu município? Faça uma pesquisa, com a ajuda do professor.

_____

_____

_____

_____

**2** Marque um **X** na resposta correta.

☐ O município engloba tanto a zona rural como a zona urbana.

☐ O município corresponde apenas à zona urbana.

☐ O município é o espaço que se limita com a zona rural.

☐ As atividades agropecuárias podem ocorrer na zona urbana.

3. Observe as imagens e escreva que espaços do município elas mostram.

Recife (PE), 2017.

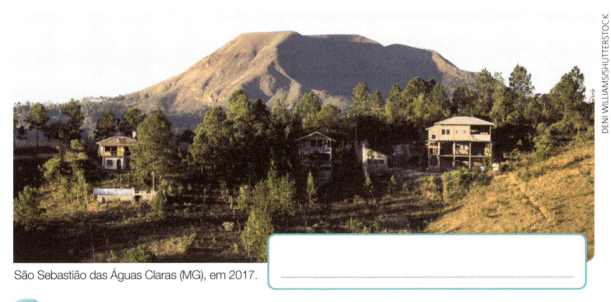

São Sebastião das Águas Claras (MG), em 2017.

4. Olhe novamente as imagens da atividade 3. Que elementos do espaço rural não aparecem no espaço urbano?

_____

5. O bairro onde você mora fica em qual espaço do seu município?

_____

## EU GOSTO DE APRENDER +

### Símbolos municipais brasileiros

Cada um dos 5 570 municípios que existem no Brasil tem símbolos como bandeira, selo, brasão de armas e hino.

Esses símbolos são elementos que representam o lugar e sua história e são estabelecidos por leis municipais.

Alguns municípios podem também escolher uma planta como símbolo.

Veja um exemplo de símbolos municipais. Estes são do município de Atibaia, no estado de São Paulo.

A bandeira de Atibaia contém sete listras pretas horizontais. Elas indicam a cidade de Atibaia e os municípios que surgiram a partir dela: Bragança Paulista, Piracaia, Joanópolis, Nazaré Paulista, Bom Jesus dos Perdões e Jarinu. As estrelas lembram heróis da cidade.

O hino de Atibaia elogia o município e os seus habitantes. Ele começa assim:

> Salve Atibaia formosa!
> De noites enluaradas,
> De céus bordados de estrelas
> E festivas alvoradas!
> Cativante e hospitaleira
> Tal como o nosso Brasil
> Tu és Atibaia amada!
> Terra amiga e gentil
> Salve! Salve! Atibaia querida
> Dos teus filhos jamais esquecida!
> [...]

Disponível em: <http://atibaia.com.br/cidade/noticia.asp?numero=30/>. Acesso em: 20 ago. 2018.

Prefeitura da **Estância de Atibaia**
atibaia.sp.gov.br

O brasão do município de Atibaia tem referências à agricultura, a acidentes geográficos, como rios e montanhas, e à história da fundação pelos bandeirantes.

A azaleia foi escolhida como planta símbolo do município de Atibaia.

## ATIVIDADES COMPLEMENTARES

**1** De acordo com o texto, todo município brasileiro tem:

☐ vários símbolos.  ☐ somente hino.

☐ apenas bandeira.  ☐ plantas, como azáleias.

**2** Complete: símbolos municipais são elementos que _____ o município e sua história.

**3** O município de Atibaia, de acordo com o texto, tem como símbolo também uma planta. Que planta é essa?

_____

**4** Circule o que pode ser símbolo de um município.

bandeira   fotografias   hino   pinturas   brasão   plantas

**5** Faça uma pesquisa e descubra qual é o hino do seu município. Escreva-o no seu caderno.

### LEIA MAIS

**Poesia pela cidadania**

Odete Rodrigues Baraúna. Ilustrações de Aída Cassiano. São Paulo: Scipione, 2004. (Dó-Ré-Mi-Fá)

O livro mostra que ser cidadão é respeitar os direitos de todos e saber como agir em várias situações, como no trânsito, nas ruas e nos parques.

# LIÇÃO 4

# O relevo e a hidrografia do planeta

## O relevo

A superfície da Terra é o local onde vivemos, plantamos e fazemos nossas construções. Essa superfície não é regular: é formada por terrenos planos, terrenos ondulados (com subidas e descidas), terrenos altos e outros mais baixos.

Ao conjunto das diferentes formas da superfície terrestre damos o nome de **relevo**. O relevo terrestre sofre transformações ao longo do tempo.

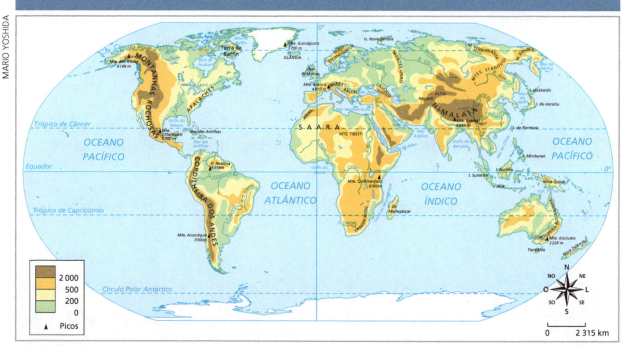

**Fonte:** *Atlas geográfico escolar.* Rio de Janeiro, IBGE, 2012. p. 33.

As principais formas de relevo são:

### Montanhas

São grandes elevações de terra, originadas por processos internos da crosta terrestre. Em geral, são muito antigas e atingem altas altitudes.

Muitas montanhas possuem as chamadas geleiras eternas em seus topos (picos), pois, em razão das baixas temperaturas durante todo o ano, nunca deixam de ter neve nessa parte do relevo.

Um grande conjunto de montanhas pode receber o nome de **cadeia** ou **cordilheira**.

# ATIVIDADES

**1** O que são montanhas?

_____

_____

_____

**2** Como se chama um grande conjunto de montanhas?

_____

_____

**3** Defina a classificação do relevo nas imagens a seguir.

Arizona, Estados Unidos.

Nevada, Estados Unidos.

## Planícies

**Planície** é uma área cujo terreno é geralmente plano, com pequenas inclinações e baixas elevações.

A maioria das planícies está localizada nas beiras de rios e lagos. Áreas de planície são muito utilizadas para atividades agrárias. Em algumas também há destaque para atividade de pecuária, como a planície do Pantanal.

A planície litorânea do Brasil é muito ocupada por hotéis, restaurantes, casas de veraneio e demais comércios e serviços relacionados às atividades turísticas.

O Pantanal é uma planície que passa uma parte do ano alagada, o que irriga e fertiliza as terras para o período de vazante, quando vários terrenos ficam secos.

# ATIVIDADES

1. O que é uma planície?

___

2. Como são ocupadas as áreas de planície?

___

3. Uma planície que alaga com certa regularidade em determinados meses do ano pode ser utilizada com qual finalidade?

___

64

## Planaltos

**Planalto** é a parte do terreno com maior altitude que a planície. Geralmente apresenta superfície irregular.
- Escarpa: é uma vertente muito inclinada, também chamada penhasco.
- Serra: conjunto de planaltos.
- Monte: elevação média de terra.
- Morro ou colina: pequena elevação de terra.

Penhasco na Irlanda.

Parque Nacional Serra da Estrela, em Portugal.

# ATIVIDADES

 Com a ajuda de seu professor, identifique numerando no desenho os tipos de relevo. Depois pinte-o.

① Serra ou cordilheira
② Montanha
③ Planalto
④ Vale
⑤ Depressão
⑥ Planície
⑦ Ilha

**2** Um amigo pretende fazer uma escalada leve com um grupo de pessoas. Você recomendaria a ele escalar um monte ou uma montanha? Por quê?

_____

_____

## Depressões

Também denominada depressão periférica, é uma área cercada de planaltos, porém de altitudes menos elevadas.

No Brasil encontramos diversas áreas caracterizadas pelas depressões, destacando-se a depressão sertaneja do São Francisco e a depressão da Amazônia. Veja no mapa as áreas de depressão periférica no Brasil.

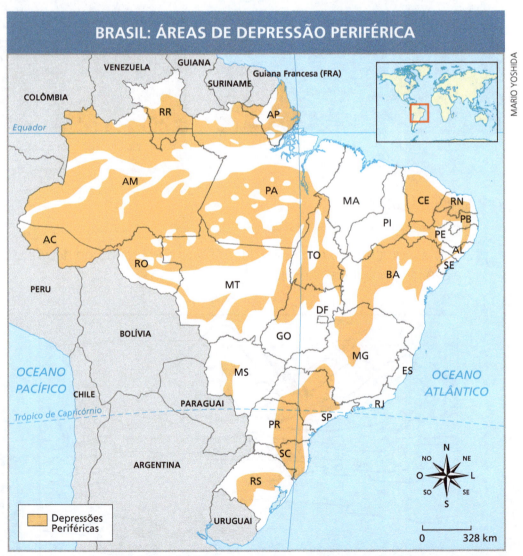

**Fonte:** Jurandyr L. S. Ross (Org.). *Geografia do Brasil.* São Paulo: Edusp, 2005. p. 53.

## Rios

Rios, lagos, lagoas e geleiras são formados por águas não salgadas, por isso dizemos que são formados por "água doce".

**Rios** são correntes de água doce que se dirigem para o mar, para um lago ou para outro rio.

As partes de um rio são:
- nascente: local onde um rio "nasce".
- leito: local por onde correm as águas de um rio.
- margens: terras localizadas nos lados direito e esquerdo de um rio.
- foz: local onde um rio despeja suas águas.

PARTES DE UM RIO

### A importância dos rios

Os rios são muito importantes para o equilíbrio do meio ambiente e, consequentemente, para todos os seres vivos. Além de ser o **hábitat** de vários animais e plantas, os rios são fundamentais para a manutenção da vegetação ao seu redor.

Os rios são utilizados para várias atividades necessárias à vida em sociedade: fornecem água para abastecer municípios e irrigar plantações; podem ser utilizados para navegação ou para produzir energia elétrica nas usinas hidrelétricas.

Os rios também são áreas de lazer para a população das áreas urbanas e do campo.

É fundamental preservar os rios e as áreas ao seu redor, evitando a contaminação das águas e do solo com lixo, agrotóxicos, esgoto e substâncias prejudiciais aos animais, à vegetação e aos seres humanos.

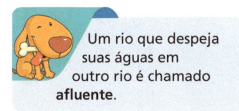

Um rio que despeja suas águas em outro rio é chamado **afluente**.

**VOCABULÁRIO**

**hábitat:** local que reúne condições favoráveis à vida e ao desenvolvimento de determinada espécie animal ou vegetal.

### Barragens ou represas

Uma **barragem**, **açude** ou **represa** é uma barreira artificial, ou seja, construída pelos seres humanos, para a retenção de grandes quantidades de água. São utilizados, sobretudo, para fornecer água às residências, à produção agrícola ou à produção de energia elétrica.

Quando as barragens são construídas sem o devido controle ambiental, áreas importantes são alagadas, comprometendo significativamente a flora e a fauna locais. Em alguns casos, até mesmo a população da região precisa ser retirada de suas moradias por causa da inundação.

Vista de drone da represa e barragem da usina produtora de energia elétrica em Barra Bonita (SP), em 2017.

## ATIVIDADES

**1.** Observe a imagem da página 65 e escreva o nome das partes do rio e pinte a figura.

**2** Por que os rios são importantes para o meio ambiente?

_____

_____

**3** Assinale as frases corretas e corrija as erradas.

☐ Nascente é o lugar onde o rio "nasce".

_____

☐ Rio é uma corrente de água salgada.

_____

☐ Açudes ou barragens são construídos pelos seres humanos.

_____

☐ A Terra é conhecida como Planeta Verde.

_____

## Lagos e lagoas

**Lago** é uma grande quantidade de água que ocupa a parte baixa de um terreno. **Lagoa** é um lago menor. Apesar dessa convenção não há um consenso sobre as dimensões mínimas e máximas para cada um deles. Por isso, a denominação correta para cada um deles pode gerar certa confusão e diferenças.

Lago Titicaca, localizado no Peru.

## EU GOSTO DE APRENDER

Leia o que você estudou nesta lição.

- É na superfície da Terra que vivemos, plantamos, fazemos nossas construções. Essa superfície apresenta terrenos planos, outros mais altos, outros ondulados.

- Chamamos de relevo o conjunto de formas da superfície terrestre. O que molda a superfície do planeta são os ventos, as chuvas, os terremotos e as ações humanas.

- As principais formas de relevo são os planaltos, as planícies, as montanhas e as depressões.

- **Planalto** é uma superfície irregular mais alta que as terras vizinhas.

- **Montanha** é uma grande elevação da superfície. Um conjunto de montanhas forma uma cordilheira.

- **Escarpa** ou penhasco é uma vertente muito inclinada.

- **Morro** ou colina é uma pequena elevação de terreno.

- **Planície** é um terreno plano, de baixa altitude.

- **Depressão** é uma região baixa entre terrenos mais elevados, como a região por onde passa o Rio São Francisco.

- **Vale** é uma depressão alongada entre serras, por onde corre algum rio.

- Os rios, formados por água doce, são importantes para abastecer cidades, fornecer energia elétrica (com a construção de hidrelétricas), proporcionar navegação, favorecer o crescimento de vegetação, servir de hábitat para plantas e animais.

- As partes de um rio são: nascente, leito, margens e foz.

- Lagos são porções de água doce em uma parte rebaixada do terreno. Lagoas são lagos menores.

- Açudes, represas ou barragens são reservatórios de água construídos pelos seres humanos para a agricultura, abastecimentos de populações ou para gerar energia elétrica.

## ATIVIDADES

**1** Assinale a frase que explica o que é relevo.

☐ É a parte da superfície da Terra formada por montanhas.

☐ É o conjunto de formas que existem na superfície do planeta.

☐ São os lagos, rios, geleiras e depressões que existem na Terra.

☐ São os terrenos ondulados que formam as cordilheiras e as serras.

**2** Complete as frases de modo correto.

a) As altitudes da superfície terrestre são medidas sempre em relação ao _____.

b) Uma superfície irregular, mais elevada que os terrenos em volta, é chamada _____.

c) Normalmente, as planícies são terrenos por onde correm _____.

d) Uma depressão alongada entre serras, por onde corre algum rio, é chamada _____.

**3** Relacione.

| A | Planalto | C | Serra | E | Depressão |
| B | Planície | D | Escarpa | F | Montanha |

☐ Grande elevação de uma superfície.

☐ Terreno de superfície regular, de baixa altitude, como no litoral.

☐ Vertente muito inclinada de um planalto, o mesmo que penhasco.

☐ Conjunto de planaltos, não muito extenso.

☐ Área de menor altitude que o entorno, cercada de planaltos.

☐ Superfície irregular mais elevada que terrenos em volta.

**4** Os rios são importantes porque

- abastecem os mares e os oceanos com água.
- abastecem as populações, ajudam na vegetação, permitem navegação, produzem energia elétrica (através das hidrelétricas).
- congelam e assim formam as geleiras.
- dividem territórios, servindo de fronteiras.

**5** Relacione corretamente o conceito com sua definição.

A Nascente    C Margem    E Afluente

B Leito    D Foz

☐ Outro rio que desemboca em um principal.

☐ Local onde o rio despeja suas águas.

☐ Nascedouro, uma fonte de água onde o rio começa.

☐ Terreno que ladeia o curso de água.

☐ Terreno por onde o rio corre.

**6** Na região onde você mora existe um rio, um lago e/ou um açude? Pesquise e escreva seus nomes.

_____
_____

## EU GOSTO DE APRENDER +

A superfície da Terra muda constantemente. Um exemplo é a formação de ilhas, que pode acontecer pela ação de algum vulcão dentro do mar. Esta notícia conta como uma nova ilha assim se formou perto do Japão. Leia com atenção.

### Nova ilha formada após erupção vulcânica cresce e fica quase colada a outra

A ilha japonesa formada recentemente a cerca de mil quilômetros ao sul de Tóquio devido a uma forte atividade vulcânica uniu-se à vizinha ilha de Nishinoshima, segundo informou a guarda costeira japonesa.

Um avião da guarda costeira **nipônica** confirmou que a pequena ilha formada no oceano Pacífico continuou a crescer até uma extensão de cerca de 15 hectares e ficar quase colada à desabitada ilha vulcânica de Nishinoshima.

Por essa razão, a nova ilha, que tinha sido provisoriamente batizada de *Niijima* ou *Shinto* (duas maneiras de dizer "Ilha nova" em japonês) e cuja formação foi tornada pública pela guarda costeira no passado 21 de novembro, não irá, assim, receber qualquer nome.

A nova formação aumentou até oito vezes de tamanho, desde que emergiu após as erupções vulcânicas e calcula-se que a sua altura já alcançou a do vulcão, que continua ativo, com cerca de 50 metros acima do nível do mar

Os peritos não descartam a hipótese de a ilha continuar a aumentar de tamanho.

Nishinoshima encontra-se a 130 quilômetros da ilha habitada mais próxima, pelo que se considera que a sua atividade vulcânica não coloque nenhuma povoação em perigo.

Esta é a primeira erupção que se produz junto a Nishinoshima em cerca de 40 anos, depois que a ilha aumentou de tamanho entre 1973 e 1974, também devido à intensa atividade vulcânica.

As ilhas podem se formar a partir de vulcões sob o mar.

### VOCABULÁRIO

**nipônico:** relativo ao Japão; o mesmo que japonês.

LUSA. Nova ilha formada após erupção vulcânica cresce e fica quase colada a outra. 27 dez. 2013. RTP Notícias. Disponível em: <http://www.rtp.pt/noticias/index.php?article=705796&tm=7&layout=121&visual=49>. Acesso em: 20 ago. 2018.

## ATIVIDADES COMPLEMENTARES

**1** Qual é o assunto desta notícia?

☐ A formação de montanhas no Japão.

☐ Uma nova ilha criada por erupção de um vulcão no mar.

☐ Uma ilha japonesa que desapareceu há 40 anos.

**2** O que significa em japonês o nome dado a essa ilha, *Niijima* ou *Shinto*?

_____

**3** Pelo que diz a notícia, esta foi a primeira ilha formada por vulcão no Japão?

_____

_____

**4** Assinale a informação correta, que está de acordo com a notícia.

☐ A erupção de um vulcão submarino colocou a população da Ilha de Nishinoshima em perigo.

☐ A população japonesa mais próxima das erupções vulcânicas encontra-se a 130 quilômetros de distância, portanto não há risco para os povoados.

### LEIA MAIS

**A Terra vista do alto**

Fernando Carraro. São Paulo: FTD, 2000.

Rafael e Mariana viajam de balão descobrindo as formas da superfície terrestre e conversando sobre a formação do relevo.

# LIÇÃO 5

# Zonas climáticas do planeta

Você já deve ter notado que a temperatura no lugar onde mora é diferente de outros lugares do Brasil e do planeta. Observe o planisfério a seguir, que indica as médias de temperatura. O que você percebe?

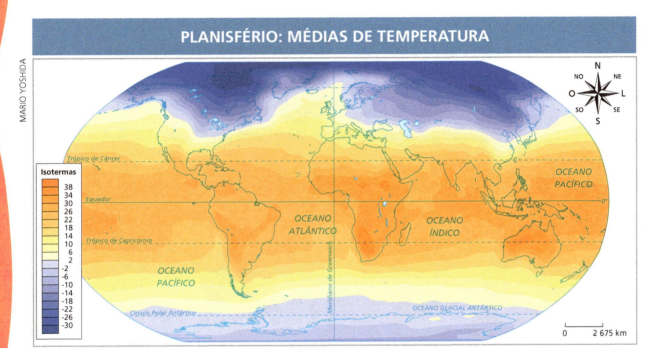

**Fonte:** *Atlas geográfico escolar*. Rio de Janeiro: IBGE, 2012. p. 60.

## ATIVIDADES

Você já percebeu que enquanto é verão no Hemisfério Norte, é inverno no Hemisfério Sul? Converse com seu professor por que isso ocorre e registre a seguir a conclusão.

_____

_____

## Os diferentes climas

Sabemos que o tipo de clima no nosso planeta varia de região para região. Existem regiões da Terra que são quentes durante o ano inteiro, como aquelas próximas da Linha do Equador. Em outras, o frio intenso domina todos os meses, mesmo no verão. É o caso do Polo Sul.

Por que isso acontece?

Em razão do seu formato arredondado e da inclinação de seu eixo, a Terra não recebe luz e calor do Sol de modo igual. Há regiões que recebem luz solar com maior intensidade e outras com menor intensidade.

Essa distribuição desigual de luz e calor do Sol dá origem a diferentes **zonas climáticas** ou **térmicas**. Cada zona climática possui características muito próximas e se difere das demais.

Os raios solares atingem com mais intensidade as regiões ao redor da Linha do Equador e cada vez menos as regiões próximas aos polos.

De acordo com essas características, podemos então identificar as seguintes zonas climáticas na Terra: zona equatorial ou tropical, zona temperada do norte, zona temperada do sul, zona polar ou glacial antártica, zona polar ou glacial ártica.

Observe-as no mapa a seguir.

**PLANISFÉRIO: ZONAS CLIMÁTICAS**

[Mapa mostrando as zonas climáticas: Zona Polar Ártica, Zona Temperada do Norte, Zona Tropical, Zona Temperada do Sul, Zona Polar Antártica]

**Fonte:** *Atlas Geográfico Escolar*. Rio de Janeiro: IBGE, 2012. p. 58.

- Zona equatorial ou tropical: regiões próximas da Linha do Equador, as mais quentes do planeta. Nessas áreas há intensa movimentação das massas de ar quente e, de modo geral, há elevados índices pluviométricos, regulares durante todo o ano.

Floresta tropical de montanha, na Costa Rica.

- Zonas intertropicais: são as faixas intermediárias, que ficam entre os trópicos de Câncer e de Capricórnio e a zona equatorial. São também regiões muito quentes. Nas estações mais frias do ano costumam receber massas de ar geladas provenientes de latitudes mais altas.

Parque nacional em zona tropical em Uganda.

- Zonas temperadas: ficam entre o Trópico de Capricórnio e o Círculo Polar Antártico (ao sul) e entre o Trópico de Câncer e o Círculo Polar Ártico (ao norte). São regiões de temperaturas mais amenas. Nessa faixa há grande amplitude térmica entre as estações quentes e frias.

Região da Patagônia, na Argentina.

- Zonas glaciais ou polares: no Polo Norte temos a zona glacial Ártica e no Polo Sul, a zona glacial Antártica. São as áreas mais frias do planeta Terra, localizadas em altas latitudes. Por isso são consideradas as áreas mais inóspitas que existem.

Antártida

# ATIVIDADES

**1** Escreva o nome de cada uma das zonas climáticas da Terra.

a) _____

b) _____

c) _____

d) _____

e) _____

f) _____

g) _____

**2** Coloque, nas frases a seguir, a letra de cada zona climática, de acordo com o que você respondeu na atividade 1.

☐ É a zona mais quente do planeta.

☐ Fica ao norte e é uma das zonas mais frias do planeta.

☐ Fica ao norte e tem temperatura amena.

☐ Fica ao norte e tem temperatura elevada.

☐ Fica ao sul e tem temperatura amena.

☐ Fica ao sul e tem temperatura elevada.

☐ Fica ao sul e é uma das zonas mais frias do planeta.

**3** Pinte as zonas climáticas da Terra com cores diferentes e produza uma pequena legenda, identificando cada uma.

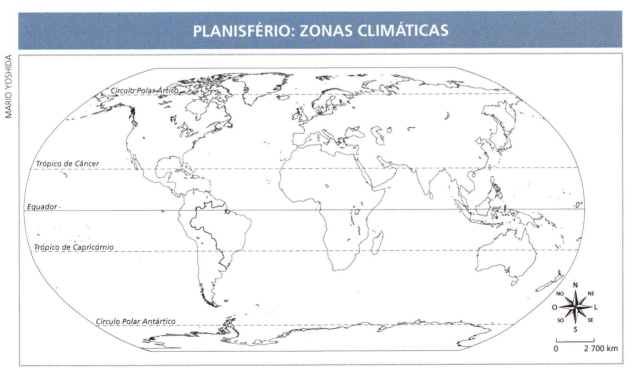

PLANISFÉRIO: ZONAS CLIMÁTICAS

**Fonte:** *Atlas Geográfico Escolar*. Rio de Janeiro: IBGE, 2012. p. 58.

## EU GOSTO DE APRENDER

Leia o que você estudou nesta lição.

- Os raios solares não atingem a Terra de modo igual, porque o planeta tem uma forma esférica. Além disso, os raios solares atingem com maior intensidade a área próxima à Linha do Equador, gerando diferenças térmicas em cada região.
- O planeta foi dividido em zonas climáticas:
- **Zona glacial ou polar antártica**, ao sul: uma das regiões mais frias do planeta.
- **Zona glacial ou polar ártica**, ao norte: região extremamente fria, no polo Norte.
- **Zona temperada do norte**: entre o Trópico de Câncer e o Círculo Polar Ártico, região de temperaturas amenas, mais baixas.
- **Zona temperada do sul**: entre o Trópico de Capricórnio e o Círculo Polar Antártico, ao sul, também região de temperaturas mais amenas.
- **Zona intertropical do norte**: entre a Linha do Equador e o Trópico de Câncer, região muito quente.
- **Zona intertropical do sul**: entre a Linha do Equador e o Trópico de Capricórnio, região muito quente.
- **Zona equatorial**: nas imediações da Linha do Equador, é a região mais quente do planeta.

## ATIVIDADES

1. Quais são as regiões mais quentes do planeta Terra?

   _____

2. Em que zonas climáticas encontramos as regiões mais frias da Terra?

   _____

3. Como é o clima nas zonas temperadas do planeta?

   _____

4. Qual é a característica climática das zonas intertropicais do planeta?

   _____

## EU GOSTO DE APRENDER +

### Características das regiões de acordo com a zona climática

Em cada zona climática da Terra temos características que marcam as regiões. Assim, nas zonas glaciais ou polares, é muito frio durante o ano inteiro, mesmo quando é verão.

Nas zonas temperadas, as estações do ano são mais bem definidas, com temperaturas altas no verão e baixas no inverno. No outono, por exemplo, é comum que as folhas das árvores caiam.

Já nas zonas tropical e equatorial, não há estações do ano bem definidas, apresentando altas temperaturas praticamente o ano todo. São as regiões de florestas, de muita umidade, de chuvas constantes e onde se encontra uma diversidade muito grande de espécies de vegetais e animais.

Parque Ordesa, situado numa área fria e montanhosa da Espanha, no verão.

No inverno há neve nos lugares mais frios.

A primavera é comemorada em muitos lugares frios e é simbolizada pelo florescimento.

Parque localizado nas montanhas dos Estados Unidos. Outono de 2013.

Praia da Ponta Negra, na margem do Rio Negro, Manaus, AM.

## ATIVIDADES COMPLEMENTARES

**1** Faça um desenho representando pessoas que vivam na zona glacial ou polar ártica. Depois, escreva uma legenda.

**2** Escreva uma diferença entre a zona tropical e a zona temperada.

_____

_____

_____

**3** Faça uma pesquisa em sala de aula utilizando revistas e jornais e monte, em seu caderno, uma colagem com imagens de pessoas ou locais em três zonas climáticas diferentes.

### LEIA MAIS

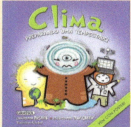

***Clima* — Preparando uma tempestade!**

Dan Green. Portugal: Girassol Edições. (Coleção Ciência Fácil)

Com esse livro, aprender sobre o clima e suas principais características ficará muito mais fácil.

# LIÇÃO 6

# A vegetação do planeta

O conjunto de diferentes tipos de planta que nascem naturalmente em uma região chama-se **vegetação**.

A formação e o desenvolvimento da vegetação dependem das condições do solo e do clima. Assim, a vegetação varia em cada região do planeta conforme mudam as condições climáticas e as características do solo e do relevo. Esses fatores fazem com que a superfície do planeta apresente uma grande variedade de tipos de vegetação.

O Brasil, por exemplo, apresenta regiões com climas muito diferentes. Possui, também, áreas com características diversificadas quanto à vegetação. A vegetação de determinada área pode ser classificada em diferentes tipos, dependendo dessas características.

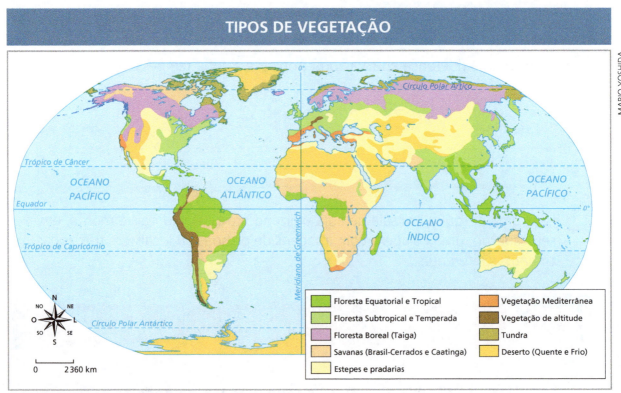

**Fonte:** *Atlas geográfico escolar.* Rio de Janeiro: IBGE, 2012. p. 61.

A vegetação é fundamental para o equilíbrio ecológico de nosso planeta.

# ATIVIDADES

**1** Que tipos de vegetação você conhece?

_____

**2** A vegetação do lugar onde você mora está representada no mapa? Qual é?

_____

## Tundra

É um tipo de vegetação existente em regiões onde o solo permanece congelado praticamente o ano inteiro. Durante poucos meses, o solo descongela e, então, surge a vegetação de musgos, liquens e plantas baixas. Essa vegetação é muito utilizada para **pastoreio**.

A tundra é encontrada no extremo norte do Canadá, do Alasca, da Rússia, da Noruega e na ilha da Groenlândia.

**VOCABULÁRIO**

**pastoreio:** pecuária extensiva.

### Tundras estão rapidamente virando florestas

Isto ia acabar acontecendo, mas agora cientistas estão vendo com seus próprios olhos. Pesquisadores [...] descobriram que grandes áreas da tundra ártica da Europa e Ásia estão rapidamente se transformando em florestas. Eles atribuem isso à mudança do clima, mas o pior é que esta tendência poderia acelerar significativamente o aquecimento global e se espalhar para toda a tundra. [...]

Com imagens de satélite, pesquisa de campo e entrevistas com pastores indígenas de renas, os pesquisadores descobriram que certas árvores cresceram acima de dois metros de altura nas últimas três ou quatro décadas [...].

Disponível em: <http://planetasustentavel.abril.com.br/blog/planeta-urgente/tundras-estao-rapidamente-virando-florestas/>. Acesso em: 27 jan. 2018.

## Floresta de coníferas

Esse tipo de vegetação é característico nas regiões de clima frio, nas quais predominam os pinheiros (coníferas), que produzem um fruto em forma de cone e têm folhas em forma de agulha, o que contribui para não acumular neve. São árvores que sobrevivem a invernos longos e extremamente frios, com neve durante toda a estação.

A extração de madeira movimenta a economia nesses locais.

Podemos encontrar esse tipo de vegetação no norte da Europa, no Canadá e na Rússia.

Vegetação de coníferas, na Áustria.

## ATIVIDADES

**1** Descreva a vegetação de tundras.

_____
_____
_____

**2** Descreva a vegetação de coníferas.

_____
_____
_____

**3** Assinale as afirmações verdadeiras.

☐ Os pinheiros são adaptados a climas extremante frios.

☐ Musgos e liquens podem ser encontrados em altas latitudes do Hemisfério Norte.

☐ A floresta de coníferas pode ser encontrada também em áreas baixas de regiões tropicais.

☐ A tundra pode ser encontrada na zona climática equatorial do planeta.

## Floresta temperada

Esse tipo de formação vegetal é composto por árvores que perdem as folhas antes da chegada do inverno, por isso, são conhecidas como "florestas das folhas que caem". As folhas das árvores brotam novamente na primavera.

Encontramos esse tipo de vegetação no leste dos Estados Unidos, no centro da Europa, nas ilhas do Reino Unido e no nordeste da China.

Floresta temperada nos Estados Unidos.

## Vegetação de altitude

Essa vegetação é formada por arbustos de raízes firmes e profundas que sobrevivem aos ventos fortes e ao frio. O clima não contribui para o desenvolvimento de uma vegetação mais variada.

Encontramos a vegetação de altitude no alto das montanhas, na América do Sul, principalmente na área ocupada pela Cordilheira dos Andes. No Himalaia também encontramos esse tipo de vegetação.

Campos de altitude no Parque Nacional de Itatiaia.

## Estepe

Vegetação formada predominantemente por gramíneas, muito utilizadas para pastagem de animais, e poucas árvores. É típica de áreas subtropicais e seu subsolo geralmente é rico em nutrientes, o que favorece a prática agrícola.

Esse tipo de vegetação pode ser encontrado no Brasil, no sul da África, no leste da Europa, no centro da Ásia e no leste da Austrália.

Vegetação de estepes, em montanha localizada no Quirguistão.

# ATIVIDADES

**1** Escreva o que você entende por vegetação.

_____

_____

**2** Relacione corretamente.

| 1 | O solo permanece congelado na maior parte do tempo e descongela apenas por alguns meses. |

| 2 | Vegetação formada por grama. |

( ) Estepe          ( ) Tundra

**3** Escolha um tipo de vegetação, pesquise e preencha o quadro.

| | |
|---|---|
| Tipo de vegetação | _____ |
| Características das plantas | _____ |
| Locais do planeta onde ocorre | _____ |

**4** Como a mudança de clima tem afetado as áreas ocupadas pelas tundras?

_____

_____

_____

## Floresta tropical

A floresta tropical desenvolve-se em regiões quentes e úmidas. As árvores têm muitas folhas, que são **perenes**, isto é, não caem no inverno.

Nas florestas tropicais existem árvores com até 60 metros de altura. Encontramos esse tipo de vegetação na América do Sul, na América Central, no centro da África e no sudeste da Ásia.

**VOCABULÁRIO**

**perene:** permanente.

Interior da Mata Atlântica, floresta tropical localizada no Brasil.

## Vegetação mediterrânea

Vegetação característica das faixas do litoral mediterrâneo europeu (porção sul) e africano (porção norte), formada por árvores pequenas (como oliveiras e videiras), moitas e arbustos.

Vegetação de montanha conhecida como garrigue, na Grécia.

Em grandes áreas com vegetação mediterrânea, principalmente na Espanha, cultivam-se oliveiras para a produção de azeite, que abastece boa parte do território europeu. Além das oliveiras, destaca-se a produção de uvas, utilizadas na produção de vinho. Esses tipos de cultivo são favorecidos pelo clima próprio da região, quente, que recebe massas de ar provenientes do território africano.

## ATIVIDADES

**1** Indique **1** para as características da floresta tropical e **2** para as de vegetação mediterrânea.

☐ Desenvolve-se em regiões quentes e úmidas.

☐ Ocupam a porção sul da Europa.

☐ As folhas não caem no inverno.

☐ Ocupam o norte da África.

☐ Árvores com até 60 metros de altura.

☐ Cultivam-se oliveiras e videiras.

☐ Produz matérias-primas para produção de vinho e azeite.

**2** Imagine que um viajante terá de subir o Rio Amazonas desde sua foz até praticamente sua nascente. Assinale o tipo de vegetação predominante pela qual ele passará.

☐ tundra

☐ vegetação mediterrânea

☐ floresta temperada

☐ floresta tropical

☐ floresta de coníferas

## Savana

Formação vegetal composta por plantas rasteiras, diversos tipos de capim, árvores pequenas distantes umas das outras e arbustos retorcidos. O relevo, em geral, é plano.

Presente em partes tropicais da América do Sul, da África, da Índia e da Austrália. No Brasil, esse tipo de vegetação é mais conhecido como **cerrado**.

## Vegetação de deserto

Cerrado em Pirenópolis (GO), 2014.

A vegetação característica de regiões desérticas quentes são as cactáceas. Em geral, são espinhosas ou com pequenas folhas. Apresentam raízes profundas, capazes de retirar água do subsolo e armazená-la em seus caules.

No maior **deserto quente** do mundo, o Saara, localizado na África, existem formações de vegetação de palmeiras em que pode haver água. Esse conjunto forma o que chamamos **oásis**. Na América do Sul há o deserto mais seco do mundo, o Deserto de Atacama.

Além dos desertos quentes, há os **desertos gelados**. São áreas localizadas em altas latitudes, na maioria das vezes, nos polos. O continente Antártico ou Antártida é o maior deserto gelado do mundo e, por isso, é chamado de continente gelado.

Parque na Reserva indígena Navajo, nos Estados Unidos, em 2013.

Deserto gelado na Nova Zelândia.

# ATIVIDADES

**1** Pinte os ☐ de vermelho as características da savana e de verde os de deserto.

☐ Formada por plantas rasteiras e árvores esparsas.

☐ Localizados em altas latitudes.

☐ Formada por cactáceas.

☐ Existem áreas muito quentes e secas ou muito frias.

☐ No Brasil, é conhecida como cerrado.

**2** O deserto mais seco do mundo é o Deserto de _____, que se localiza na _____.

**3** Qual é o maior deserto quente do mundo? Onde está localizado?

_____

_____

**4** Onde se localiza o deserto mais gelado do mundo?

_____

_____

**5** Como é o nome do conjunto de vegetação apresentado na foto? Onde ocorre esse tipo de formação?

_____

_____

_____

_____

MARIO.BONO/SHUTTERSTOCK

## EU GOSTO DE APRENDER

Leia o que você estudou nesta lição.

- Na superfície terrestre existem muitos tipos de plantas. O conjunto de plantas que crescem naturalmente em uma região chama-se vegetação.

- O tipo de vegetação varia de acordo com o clima, a quantidade de água, o tipo de solo. Nas regiões mais frias do planeta temos:
    - **Tundra**: ocorre no Hemisfério Norte, onde o solo permanece congelado quase o ano inteiro. Nos poucos meses em que descongela, aparecem musgos, liquens e plantas baixas. É a vegetação que predomina no extremo norte do Canadá, do Alasca (que pertence aos Estados Unidos), da Rússia, da Noruega e na ilha da Groenlândia.
    - **Estepe**: vegetação com poucas árvores e predomínio de grama, própria para pastagens.
    - **Floresta de coníferas**: vegetação em que predominam pinheiros (coníferas), os quais resistem a invernos frios e longos.
    - **Floresta temperada**: árvores que perdem suas folhas com a chegada do inverno (floresta das folhas que caem).
    - **Vegetação de altitude**: vegetação do alto das montanhas, como na Cordilheira dos Andes, na América do Sul. Formada por arbustos resistentes ao frio e aos ventos fortes.

- Nas regiões mais quentes do planeta aparecem os seguintes tipos de vegetação: floresta tropical, vegetação mediterrânea, savana e vegetação de deserto.
    - **Floresta tropical**: regiões quentes e úmidas. Árvores podem atingir 60 metros de altura, com muitas folhas, que são perenes.
    - **Vegetação mediterrânea**: árvores pequenas como oliveiras, videiras, moitas e arbustos, localizadas nos litorais europeu e africano.
    - **Savana**: vegetação que apresenta árvores pequenas e retorcidas, plantas rasteiras e esparsas, vários tipos de capim. No Brasil, chama-se cerrado.
    - **Vegetação de deserto**: cactáceas, espinhosas e com poucas folhas nos desertos quentes. Os trechos com palmeiras e alguma água são os oásis. O maior deserto gelado do mundo fica no interior do continente Antártico ou Antártida.

## ATIVIDADES

**1** Complete.

Vegetação é _____
_____

**2** Cite quatro fatores que fazem a vegetação do planeta variar.

_____

_____

**3** Que tipos de vegetação podem ser encontrados nas regiões mais quentes do planeta Terra?

_____

_____

**4** Complete as frases com as palavras do quadro.

> oliveiras    Floresta Amazônica    Mata Atlântica
> mediterrânea    cerrado

a) Para produzir azeite, plantam-se _____, típicas da vegetação _____.

b) No Brasil, temos dois exemplos de floresta tropical, que são a _____ e a _____.

c) No Brasil, o tipo de vegetação de savana é chamado de _____.

**5** Identifique o tipo de vegetação apresentado nas imagens.

Parque Nacional do Itatiaia, Pico das Agulhas Negras, Itatiaia, RJ.

Vegetação no Norte dos Estados Unidos.

Vegetação do sul de Minas Gerais.

Vegetação no Deserto de Sonoran, Estados Unidos.

Floresta no Norte do Brasil.

## EU GOSTO DE APRENDER+

### A vida animal em alguns tipos de vegetação

A vegetação do planeta varia conforme o clima, o solo, a quantidade de água, entre outros fatores, como você viu. Ela também influencia o clima, podendo torná-lo mais úmido, por exemplo, quando há florestas. Outra relação importante se dá entre a vegetação e os animais. Para cada tipo de vegetação na Terra existem tipos de animais que melhor se adaptam e vivem dos recursos que nela encontram.

Nas florestas de coníferas do Hemisfério Norte vivem alces, ursos-pardos, lobos, martas, linces, esquilos, raposas, entre outros. As sementes das coníferas dessas florestas também servem de alimento para muitos tipos de ave, como o cruza-bico, de bico curvo, cujas pontas se cruzam como uma tesoura. Com esse recurso, essa ave consegue cortar as pinhas e abrir as sementes.

Nas florestas temperadas predominam doninhas, lobos, linces, insetos variados, répteis, anfíbios. Nas estepes, há muitos mamíferos, como coiotes, búfalos, leopardos, zebras, girafas, além de répteis, insetos, aves como gaviões e corujas. Nas tundras, por causa do frio intenso, há espécies animais que mudam de hábitat quando chega o inverno, como o lobo, o urso-polar, a coruja-das-neves e outros. Os lemingues (pequenos roedores), no entanto, cavam buracos e túneis no gelo e ali se abrigam, comendo musgos e liquens.

## ATIVIDADES COMPLEMENTARES

**1** Assinale a frase **incorreta** e corrija-a.

☐ A vegetação do planeta não influencia o clima nem a vida dos animais.

_____
_____
_____

☐ Há regiões do planeta que são mais úmidas por causa da influência da vegetação, como as grandes florestas.

_____
_____

☐ Para cada tipo de vegetação da Terra existem diferentes tipos de animais que melhor se adequam a cada vegetação.

_____
_____
_____

2  Escolha uma vegetação citada no texto e escreva quais animais vivem nessa região.

_____
_____
_____
_____

3  Cite três tipos de vegetação em que aparecem lobos.

_____
_____
_____

## LEIA MAIS

**Contos ecológicos**

Paulo Debs. São Paulo: Hagnos, 2011.

Contos infantis sobre as temáticas do meio ambiente e da preservação da natureza.

# LIÇÃO 7

# A natureza e a paisagem

Observe as imagens apresentadas a seguir.

Glaciar Perito Moreno, na Argentina, 2018.

Vegetação europeia, 2017.

Como você descreveria cada uma dessas imagens? Você já visitou algum local com uma paisagem parecida com essas? Quais eram as diferenças e as semelhanças?

Nesta lição você aprenderá a fazer a **leitura das paisagens**, descrevê-las e compará-las.

## ATIVIDADES

**1** O que você observa nas paisagens apresentadas nas imagens?

_____

_____

**2** Alguma dessas imagens é parecida com o lugar onde você vive? Quais são as semelhanças?

_____

_____

## O que é paisagem?

Tudo aquilo que os nossos olhos conseguem ver – objetos, construções, relevo, vegetação, elementos climáticos e seres vivos – em um determinado local forma uma **paisagem**.

Na paisagem você pode identificar **elementos naturais** e **elementos criados pelos seres humanos**. Como esses elementos variam muito de um local para outro, as paisagens são diferentes.

*O subúrbio* (2004), de Airton das Neves. Óleo sobre tela, 50 cm × 70 cm. Neste quadro, o pintor brasileiro representou uma paisagem na qual aparecem elementos naturais e elementos criados pelos seres humanos.

## As paisagens mudam

Além de serem diferentes umas das outras, as paisagens mudam constantemente, seja por ação da natureza, seja pela ação do ser humano.

A ação da natureza acontece de várias maneiras. Essas mudanças podem ocorrer por causa de erosões, chuvas, terremotos, *tsunamis*, vulcões etc.

## Mudanças causadas por erosão e chuvas

**Erosão** é o desgaste e o arrastamento do solo, provocado por ventos, chuvas e até pelos seres humanos. A erosão do solo pode ocorrer lentamente, ao longo de muitos anos, ou abruptamente, como em um deslizamento, por exemplo.

Para os seres humanos, esse tipo de fenômeno, o deslizamento, é sempre ameaçador, pois, se no momento em que ocorrer houver pessoas no local, elas podem ser soterradas.

Um modo de prevenir deslizamentos é não destruir a vegetação nos locais altos, pois as árvores, gramíneas e outras plantas "seguram" o solo e as rochas.

**VOCABULÁRIO**

**deslizamento:** grande deslocamento de materiais sólidos, como o solo, geralmente provocado por chuvas fortes em áreas sem cobertura vegetal.

## Mudanças causadas por terremotos

A superfície do nosso planeta, ou crosta terrestre, repousa sobre imensas placas, chamadas **placas tectônicas**. Essas placas são móveis, elas se mexem e se chocam umas contra as outras, pois estão flutuando sobre uma massa pastosa de temperatura altíssima que forma o interior da Terra.

Quando as placas tectônicas se chocam, provocam tremores na superfície da Terra. Nós chamamos esses tremores de **terremotos**. Eles podem ser muito fortes (destruindo bairros ou cidades) ou mais fracos (que nem são percebidos pelos seres humanos). Nas áreas de encontro das placas os terremotos tendem a ser mais intensos.

Em áreas muito chuvosas e com pouca vegetação, a erosão é muito intensa e pode causar deslizamentos de terra.

### PLACAS TECTÔNICAS

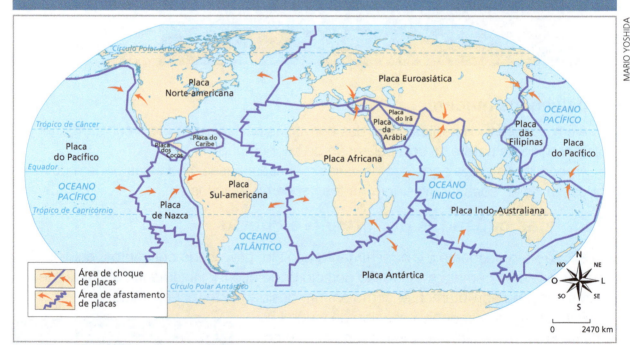

**Fonte:** *Atlas geográfico escolar*. Rio de Janeiro: IBGE, 2012. p. 12.

Os terremotos mais fortes mudam a paisagem, pois alteram o relevo, a vegetação e podem causar tragédias, caso atinjam regiões habitadas. Alguns países estão muito sujeitos a terremotos, como o Japão e o Chile, pois estão bem próximos do encontro de placas tectônicas. Outros países, como o Brasil, têm tremores mais fracos, porque estão mais afastados da junção de placas tectônicas.

## Mudanças causadas por vulcões

**Vulcão** é uma estrutura do relevo que surge quando o **magma**, gases e partículas quentes (cinza vulcânica) escapam do núcleo da Terra para a superfície. Essa estrutura de relevo é como um funil invertido e o material vulcânico "espirra" por ele, enchendo a atmosfera com poeira, gases e o território ao redor com ondas de lava (magma) que, depois, se resfriarão e se tornarão sólidas.

A erupção de um vulcão pode atingir locais habitados nas suas imediações, destruindo vilas, cidades e plantações, além de matar pessoas e animais. Ou seja, pode ser um grande desastre natural.

Os cientistas que estudam os vulcões são chamados de vulcanologistas. Eles tentam prever quando um vulcão vai entrar em atividade, mas ainda não se encontrou um modo de descobrir isso com exatidão.

Os vulcões podem ser classificados em ativos, dormentes e extintos.

Os **ativos** são aqueles que estão em constante erupção. Os **dormentes** são os que se mantêm quietos, sem atividade, mas de vez em quando "acordam" e entram em erupção. Os **extintos** são os que não têm mais atividade. Entretanto, essa classificação pode não ser muito segura, porque já aconteceu de um vulcão declarado extinto repentinamente "acordar".

Os solos nos arredores de vulcões muito antigos, formados de lava resfriada e endurecida, costumam ser férteis, favorecendo as plantações.

Magma sendo expelido pelo vulcão Etna, na Itália, em 2017.

Vulcão Arenal, na Costa Rica, em 2014.

Lago localizado na cratera de vulcão, no Equador, 2017.

# ATIVIDADES

**1** Explique o que você entendeu por paisagem.

_____

_____

_____

**2** Marque as frases corretas com **C** e as erradas com **E**. Depois corrija as frases erradas no caderno.

☐ As paisagens jamais se modificam, pois são resultado da ação da natureza e da ação do ser humano.

☐ A natureza pode mudar a paisagem quando ocorrem fenômenos como chuva e vento.

☐ Erosão significa o deslocamento de parcelas do solo por ação de fenômenos naturais ou pelo ser humano.

**3** Complete a frase: As paisagens podem mudar por ação da natureza, por exemplo, quando ocorrem _____, _____, _____, _____ e _____.

**4** Marque com um **X** a resposta correta. Quando os fenômenos naturais que mudam a paisagem acontecem em regiões povoadas eles são considerados:

☐ desastres naturais.   ☐ vulcões ativos.   ☐ tragédias humanas.

**5** Por que acontece um terremoto?

_____

_____

_____

## EU GOSTO DE APRENDER

Leia o que você estudou nesta lição.

- As paisagens são tudo aquilo que nossos olhos veem ao nosso redor. Elas podem mudar tanto por ação da natureza como por ação dos seres humanos.

- Os elementos da natureza que mudam as paisagens são as erosões, as chuvas, os terremotos, os *tsunamis* e os vulcões.

- As **erosões** são o deslocamento de parcelas de solo provocado por ventos, chuva ou ação dos seres humanos.

- Os **terremotos** são tremores que podem ser intensos ou mais fracos, causados pelo choque das placas tectônicas.

- Os **vulcões** são estruturas em forma de funil invertido, em região de montanhas, pelas quais o líquido incandescente do núcleo da Terra escapa, assim como gases e cinza vulcânica, atingindo a superfície terrestre.

- Os estudiosos dos vulcões (vulcanologistas) classificam essas estruturas em vulcões ativos (quando estão em erupção), dormentes (quando estão "quietos", mas se presume que possam entrar em erupção) e extintos (quando já não ocorrem erupções há milhares de anos).

## ATIVIDADES

**1** Assinale os eventos que podem mudar uma paisagem.

☐ Terremoto.  ☐ Queimada.  ☐ Vulcão ativo.

☐ Ferrovias.  ☐ Plantações.  ☐ Chuvas.

☐ Pontes.  ☐ Erosão.  ☐ Vento.

**2** Circule o que for unicamente ação da natureza.

ferrovias    pontes    erosão    estradas
ventos    moradias    terremoto

## EU GOSTO DE APRENDER +

### Construções inteligentes para enfrentar desastres naturais

Quando ocorreu o fortíssimo terremoto seguido de um *tsunami*, em 2011, no Japão, muitos prédios permaneceram de pé. Como isso foi possível?

Como o Japão sofre terremotos frequentes há muitos anos, os japoneses desenvolveram tecnologias de engenharia civil que permitem construir prédios capazes de resistir a fortes abalos.

Eles constroem prédios que possuem um sistema com molas e suspensão no subsolo e que balançam quando ocorre um tremor de terra. É um movimento bem suave, mas muito eficiente. Ele impede que as paredes e colunas se rachem e o prédio desabe.

Além disso, todos os vidros da edificação ficam entre borrachas que os protegem quando há tremores. Assim, não quebram com facilidade.

Quando acontecem terremotos, quase nenhum prédio ou construção desmorona no Japão. Outros países sujeitos a terremotos frequentes, como o Chile, já começaram a importar essa tecnologia.

Edifício em Taipei, Taiwan, é um dos mais altos do mundo e conta com um sistema contra terremotos.

# ATIVIDADES COMPLEMENTARES

**1** Assinale a frase correta de acordo com o texto.

☐ Os japoneses estão construindo abrigos subterrâneos para enfrentar *tsunamis*.

☐ Quase todos os prédios das cidades desmoronaram com os terremotos no Japão.

☐ O Chile, por também sofrer terremotos, tem enviado engenheiros civis para ajudar os japoneses a enfrentar esses desastres naturais.

☐ Os japoneses desenvolveram tecnologias para construir prédios que dificilmente desabam com os terremotos.

**2** Os prédios japoneses resistem a fortes tremores de terra porque

☐ são construídos inteiramente com aço.

☐ têm estruturas que os fazem balançar ou se movimentar.

☐ suas vidraças são de borracha.

☐ são prédios baixos, que não caem com terremotos.

## LEIA MAIS

**O espirro do vulcão**

Tatiana Belinky. São Paulo: Caramelo, 2011.

O livro conta os perigos que as pessoas correm quando um vulcão entra em erupção.

# LIÇÃO 8

# O ser humano e a paisagem

Vista de Belo Horizonte (MG), em 2017.

Na paisagem acima, você pode identificar elementos naturais e elementos criados pelos seres humanos. Esses elementos variam muito de um lugar para outro. Por isso, as paisagens são diferentes.

## ATIVIDADES

**1.** Quais são os elementos humanos e os naturais dessa paisagem?

_____

_____

**2.** No lugar onde você mora, quais são os elementos humanos e os naturais que existem?

_____

_____

## Cidade

Quando a paisagem natural é transformada pelos seres humanos, dizemos que ela foi modificada. Algumas das modificações humanas que podemos observar nas paisagens naturais são a abertura de ruas e avenidas; a construção de pontes, viadutos, casas, edifícios e barragens; a escavação de túneis etc.

Quando uma paisagem natural é muito modificada e predominam os elementos humanos, dizemos que é uma **área urbana**, ou **cidade**. Veja, ao lado, imagem de área urbana.

Note que os elementos construídos pelos seres humanos predominam na paisagem urbana.

Área urbana em Viña del Mar, no Chile, 2017.

## Campo

Quando há pouca alteração na paisagem e predominam os elementos naturais, como rios, árvores, animais e plantações, dizemos que se trata de uma **área rural**, também chamada **campo**.

Há alterações na paisagem que nem sempre são visíveis. Quando uma empresa pulveriza uma plantação com pesticida, por exemplo, o solo é contaminado e, por vezes, as pessoas nem se dão conta disso. Há empresas ou pessoas que despejam poluentes nos rios e pode ser que isso demore para ser percebido, pois nem todos os elementos contaminantes alteram o aspecto da água.

Área rural em Torres (RS), em 2017.

# ATIVIDADES

Observe as paisagens e complete as frases.

a) Na paisagem da foto ao lado, é possível observar elementos naturais, como:

_____
_____
_____
_____

Aldeia do Demini em território Yanomani, em 2012.

b) Na paisagem da foto ao lado, predominam os elementos construídos pelo ser humano, como:

_____
_____
_____
_____

Vista aérea da Avenida Paulista, em São Paulo, 2018.

c) Na paisagem da foto da Baía de Guanabara, podemos ver elementos naturais, como o _____

e outros, construídos pelo ser humano, como _____

Baía de Guanabara, no Rio de Janeiro, 2018.

## Poluição do ar

Um dos mais sérios problemas ambientais é a poluição do ar, porque é do ar que os seres humanos e todos os demais seres vivos retiram o oxigênio necessário à sobrevivência.

As atividades dos seres humanos, nos últimos séculos, desde o surgimento da indústria, têm resultado na produção de toneladas de poluentes que são despejados na **atmosfera** (a camada de ar em torno da Terra). Há cidades que sofrem mais e outras que sofrem menos com esse problema, dependendo de como se controla a emissão de gases e de outros produtos químicos. Entre as cidades mais poluídas do mundo estão Pequim (China), Tóquio (Japão), São Paulo (Brasil), Nova York (Estados Unidos), Cidade do México (México).

A **poluição do ar** acontece por causa da queima de combustíveis fósseis, como petróleo (utilizado na produção de gasolina e diesel) e carvão mineral. Ao serem queimados, esses produtos lançam na atmosfera monóxido de carbono e gás carbônico, que são muito prejudiciais para a saúde dos seres humanos.

Nas grandes cidades, ocorre um aumento de doenças ligadas à poluição, como rinite, bronquite (respiratórias), alergias em geral, doenças nos olhos e na garganta etc.

Os profissionais de saúde recomendam que em dias muito secos, em locais de poluição, deve-se beber muita água e evitar exercitar-se ou permanecer ao ar livre nos horários mais quentes.

Em cidades localizadas entre montanhas, a poluição do ar pode ser mais intensa, pois os poluentes não se dispersam facilmente.

A poluição do ar pode modificar o clima, pois os poluentes acabam formando uma camada ao redor das cidades, o que dificulta a diminuição do calor.

Existem, atualmente, muitas campanhas para alertar contra os perigos da poluição do ar e exigir que os governos tomem providências, como a criação de leis que proíbam as indústrias de lançar na atmosfera gases **nocivos**. Os cientistas procuram encontrar outros tipos de combustíveis menos poluentes para os automóveis. O Brasil já usa o etanol, combustível derivado da cana-de--açúcar, que polui bem menos do que gasolina, extraída do petróleo.

**VOCABULÁRIO**

**nocivo:** prejudicial à saúde.

## Poluição dos rios, lagos e mananciais subterrâneos

Os rios, os lagos e os mananciais de água subterrânea são essenciais para os seres humanos e os demais seres vivos do planeta. Todos precisam consumir água doce para continuar vivendo. Entretanto, principalmente com o crescimento das cidades, surgiu um dos mais sérios problemas ambientais: a **poluição das águas**.

As águas começaram a ser contaminadas por lixo, esgoto, entulho e outros materiais poluentes. Isso mata os peixes e as plantas, "matando" esses cursos de água, em que nada mais sobrevive, exceto algumas bactérias.

Águas poluídas causam males à população, aumentando o número de doentes com febre tifoide, cólera, disenteria, meningite e hepatites A e B, entre outras doenças graves. Os mosquitos transmissores de doenças se multiplicam, bem como parasitas que provocam verminoses.

Em alguns locais do mundo, os poderes públicos cada vez mais se preocupam com isso. Na França, o governo da cidade de Paris conseguiu despoluir o Rio Sena, que estava completamente contaminado décadas atrás. O mesmo aconteceu na cidade de Londres, na Inglaterra, onde o Rio Tâmisa foi inteiramente recuperado e despoluído.

O Rio Sena foi totalmente despoluído e atualmente serve de área de entretenimento para população local e turistas.

No Brasil, nos grandes centros urbanos, já existem rios "mortos", como os rios Tietê e Pinheiros, em São Paulo.

É preciso aumentar a campanha contra a poluição dos rios, ensinando as pessoas que não se deve jogar lixo nas águas e exigindo dos poderes públicos leis que protejam essas águas.

## Poluição de rios

Muitas cidades nascem e crescem próximas a rios, pois a água é fundamental para várias atividades humanas, como alimentação, higiene etc.

Com o crescimento das cidades, as margens dos rios são cada vez mais ocupadas por construções e os rios não podem mais correr livremente. Seu curso é retificado, isto é, deixa de ter curvas e passa a ser reto para permitir a melhor ocupação dos arredores.

A mata ciliar é retirada das margens dos rios. Essa mata é muito importante para o rio, pois ela deixa o solo fofo para absorver as águas das chuvas, ajudando no controle das enchentes e evitando o desmoronamento de terra para dentro do rio. Sem a mata ciliar o rio sofre assoreamento do solo proveniente das margens que se desloca para o fundo do rio, diminuindo sua profundidade. Isso é um dos fatores que causam enchentes no período das chuvas.

A mata ciliar protege as margens dos rios, assim como os cílios protegem os nossos olhos.

Dessa forma, os esgotos e os detritos das cidades são lançados às águas dos rios, fazendo com que terra, areia, esgoto e lixo ali se acumulem, tornando-o mais raso e sujeito a inundações.

## ATIVIDADES

**1** Por que os desmoronamentos acontecem?

_____

_____

**2** Explique por que os rios que passam por áreas urbanas sofrem com a poluição.

_____

_____

**3** Por que a mata ciliar é importante para o rio?

_____

_____

**4** A imagem a seguir é de um trecho do Rio Curuá, no estado do Pará. Observe-a e responda às perguntas.

a) Descreva o que você observa na paisagem ao redor do rio?

_____
_____

b) Pela imagem, você observa alguns fatores que podem desencadear poluição e outros problemas no Rio Curuá?

_____
_____

**5** Observe a imagem ao lado e responda.

- Pelo que você observou desta imagem e da imagem atividade 4, qual rio tem maior chance de transbordar durante o período das cheias? Justifique sua resposta.

Vista de trecho do Rio Tietê, em São Paulo, SP.

_____
_____

## EU GOSTO DE APRENDER

Leia o que você estudou nesta lição.

- As cidades são chamadas áreas urbanas. Nelas, as transformações realizadas pelos seres humanos são tantas que predominam na paisagem.

- No campo, chamado área rural, as transformações causadas pelos seres humanos são menores. Algumas dessas transformações não são visíveis.

- Tanto nas cidades como no campo as paisagens são constantemente modificadas pela ação da natureza e dos seres humanos.

- Quando a ação humana é desordenada e sem planejamento, pode levar à poluição do ar e dos rios, lagos e mananciais, prejudicando seriamente a natureza e a saúde de todos os seres vivos.

- A poluição do ar ocorre com a emissão de gases nocivos na atmosfera, por queimadas, indústrias, automóveis etc. Isso provoca doenças, principalmente respiratórias.

- A poluição da água de lagos e de mananciais subterrâneos ocorre pelo despejo desordenado de lixo, esgotos e produtos químicos nocivos às águas.

## ATIVIDADES

**1** Sublinhe o que for problema enfrentado em centros urbanos.

a) Baixos salários na época da colheita dos produtos agrícolas.

b) Poluição causada por excesso de automóveis.

c) Congestionamentos pelo excesso de automóveis.

d) Falta de moradia e de serviços essenciais para a população, quando esta começa a crescer muito.

e) Poluição dos rios e suas margens.

**2** Escolha uma área do lugar onde você vive que tenha algum tipo de poluição. Faça, no quadro a seguir, um desenho que represente essa paisagem. Procure indicar os elementos naturais e culturais desta paisagem, destacando os elementos poluidores. Ao final, dê um título ao desenho, com o nome dessa área.

**3** Quais tipos de poluição foram representados no seu desenho?

_____
_____
_____

**4** Compare seu desenho com o desenho de seus colegas e responda:

a) Quais foram os tipos de poluição apresentados?

_____
_____

b) Esses problemas são os mesmos apresentados em seu desenho?

_____
_____

c) Em sua opinião, quem são os causadores desse tipo de poluição no lugar onde vocês vivem?

_____
_____
_____

d) Como esses problemas de poluição poderiam ser reduzidos ou extintos?

_____
_____
_____

**5** Na escola onde você estuda há espaços poluídos? Por que isso ocorre?

_____
_____

**6** Indique com um **X** quais tipos de doenças podem ser contraídas pela ingestão de água poluída.

☐ Meningite ☐ Febre tifoide

☐ Dengue ☐ Bronquite

☐ Hepatite A e B ☐ Disenteria

☐ Cólera ☐ Asma

**7** Complete as frases corretamente.

a) A _____ pode modificar o clima, pois os poluentes acabam formando uma camada ao redor das cidades.

b) Existem campanhas que exigem dos governos a proibição de as indústrias lançarem na atmosfera gases _____.

c) O Brasil já usa o _____, como combustível derivado da cana-de-açúcar, que polui bem menos do que a _____, extraída do petróleo.

d) A poluição do ar acontece por causa da queima de _____ _____.

e) Nas grandes cidades, ocorre um aumento de doenças ligadas à poluição, como _____ e _____.

f) Quando a paisagem natural é transformada pelos seres humanos, dizemos que ela foi _____.

g) Quando há pouca alteração na paisagem e predominam os elementos naturais, dizemos que se trata de uma _____.

## EU GOSTO DE APRENDER +

### Reciclar para um planeta mais saudável

É muito importante, nos dias de hoje, reciclar os materiais que usamos. Essa é uma maneira de evitar o consumismo e de diminuir a poluição do planeta.

Praticamente tudo que usamos e criamos pode ser reciclado, isto é, pode ser modificado e adquirir outras funções úteis para a vida do ser humano. No Brasil, já existem fábricas que reciclam plástico, alumínio, pneus, papel, objetos eletroeletrônicos etc. em diversos municípios, o que faz com que essa prática se desenvolva.

O processo é assim: as pessoas separam o lixo, colocando o chamado "lixo seco", isto é, reciclável, em embalagens próprias, que os funcionários das prefeituras ou empresas recolhem em um dia específico da semana. O lixo descartável é separado em grandes estabelecimentos: latinhas, embalagens de leite, garrafas plásticas e papel. Esses recicláveis são encaminhados para fábricas que se incumbem de tratá-los. Em seguida, os produtos são vendidos para indústrias que necessitam desses materiais para a fabricação de novas mercadorias.

Muitas pessoas nas cidades vivem de recolher e separar o lixo descartável. Elas recolhem papel, papelão, latas de alumínio, garrafas plásticas, plásticos e outros recicláveis. Depois levam tudo para grandes centros receptores, onde vendem o material coletado.

Esteira para separação de materiais recicláveis, em cooperativa em São Paulo, 2014.

## ATIVIDADES COMPLEMENTARES

Sente-se com um colega e conversem sobre esse texto. Procurem escrever uma frase que resuma o assunto. Vocês podem começar assim:

Este texto fala da importância... _____

**2** Assinale as frases corretas, de acordo com o texto.

☐ No Brasil ainda não existem fábricas para reciclar materiais.

☐ Praticamente tudo que usamos e criamos pode ser reciclado.

☐ Objetos eletroeletrônicos podem e devem ser reciclados.

☐ Além da coleta seletiva nas cidades, também existem pessoas que vivem de coletar e separar materiais para serem reciclados.

**3** Faça um desenho mostrando a reciclagem de algum produto que você usa, por exemplo, papel, papelão, garrafa PET ou o que você escolher. Mostre o produto em sua forma inicial, o "caminho" que ele percorre na reciclagem e o destino final, transformado em um novo produto.

## LEIA MAIS

**A poluição tem solução**

Guca Domenico. São Paulo: Nova Alexandria, 2009. (Coleção Volta e meia).

Nando, um menino de 7 anos, descobre que todos são responsáveis pelo meio ambiente, e, por isso, acabar com a poluição também depende de todas as pessoas.

# ALMANAQUE

# A paisagem

 Observe a paisagem retratada na imagem abaixo.

a) Essa paisagem é de uma área urbana ou rural?

_____

b) Complete o quadro com o que você vê nessa paisagem.

| Elementos naturais | Elementos construídos pelos seres humanos |
|---|---|
|  |  |
|  |  |
|  |  |

c) Qual tipo de atividade é possível observar na cena?

☐ Agricultura  ☐ Pecuária

Parte integrante da Coleção Eu gosto m@is – Geografia 4º ano – IBEP.

**2** Veja as ilustrações e indique se representam situações ligadas ao campo ou à cidade, conforme a legenda a seguir:

 Campo

 Cidade

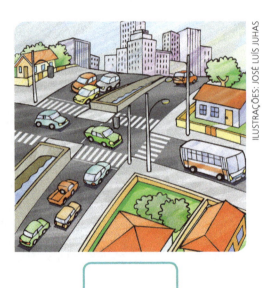

Parte integrante da Coleção Eu gosto m@is – Geografia 4º ano – IBEP.

## O IBGE

O Instituto Brasileiro de Geografia e Estatística (IBGE) realiza pesquisas e divulga informações sobre o Brasil em sua realidade física, humana, social e econômica.

As informações produzidas pelo IBGE são destinadas a estudantes, professores, pesquisadores, administradores e a todos que tenham interesse em conhecer a realidade brasileira.

Com essas informações o governo também pode saber quem está estudando, onde são necessárias mais escolas, onde o número de lojas e fábricas é maior, onde há mais empregos, o que é produzido em uma determinada região, entre outros dados.

O IBGE também faz mapas políticos, de relevo, clima e muitos outros.

**Fonte:** Atlas geográfico escolar. Rio de Janeiro: IBGE, 2009.

Uma das atividades mais importantes do IBGE é o censo demográfico. O Censo Demográfico é uma pesquisa realizada a cada dez anos. Por meio dele são reunidas informações sobre toda a população brasileira. O primeiro Censo aconteceu em 1872 e o último Censo, em 2010.

No Censo, os pesquisadores do IBGE visitam todas as moradias do país para colher informações sobre o número de pessoas na família, a idade, o sexo, a cor, quantas estudam etc. Depois de percorrer todos os cantos do Brasil, indo de moradia em moradia, os recenseadores organizam e analisam as informações coletadas. Em seguida, divulgam os resultados em uma série de publicações sobre os temas estudados.

Os resultados do Censo Demográfico são importantes para a sociedade ter informações atualizadas sobre a população e para o governo planejar suas ações de maneira mais adequada.

Disponível em: < https://educa.ibge.gov.br/20592-sobre-o-ibge.html > .
Acesso em: 23 jul. 2018.

Recenseador coletando dados para composição do Censo 2010, em Itapevi (SP).

Você sabe o que é estatística?
Estatística é o ramo da ciência que fornece informações a partir de dados coletados, organizados e estudados. Essas informações são importantes para a medicina, para a economia, para a educação, para o governo, entre outros.

**1** O IBGE tem um *site* que fornece os dados de todas as cidades do Brasil. Nele você pode consultar as informações sobre a cidade onde vive.

Acesse o *site*: <https://cidades.ibge.gov.br/> e pesquise informações sobre seu município para responder às perguntas a seguir. Basta colocar o nome do município onde você vive.

a) Quem nasce no município é chamado: _____.

b) O nome do prefeito atual: _____.

c) Qual o número de habitantes por quilômetro quadrado (Km$^2$): _____.

d) Qual é o rendimento médio das pessoas: _____.

e) Qual é o número de escolas: _____.

f) Quantos estabelecimentos de saúde do Sistema Único de Saúde (SUS) existem:

_____

> Quilômetro quadrado (Km$^2$) é uma medida que estabelece o espaço dentro de um quadrado com lado de 1 quilômetro cada. Habitantes por quilômetro quadrado significa dizer quantas pessoas moram nesse espaço delimitado. Km$^2$ é forma de escrever o símbolo dessa medida.

## O transporte de mercadorias

Complete com os adesivos, que estão no final do livro, o destino de cada etapa da produção do suco de laranja.

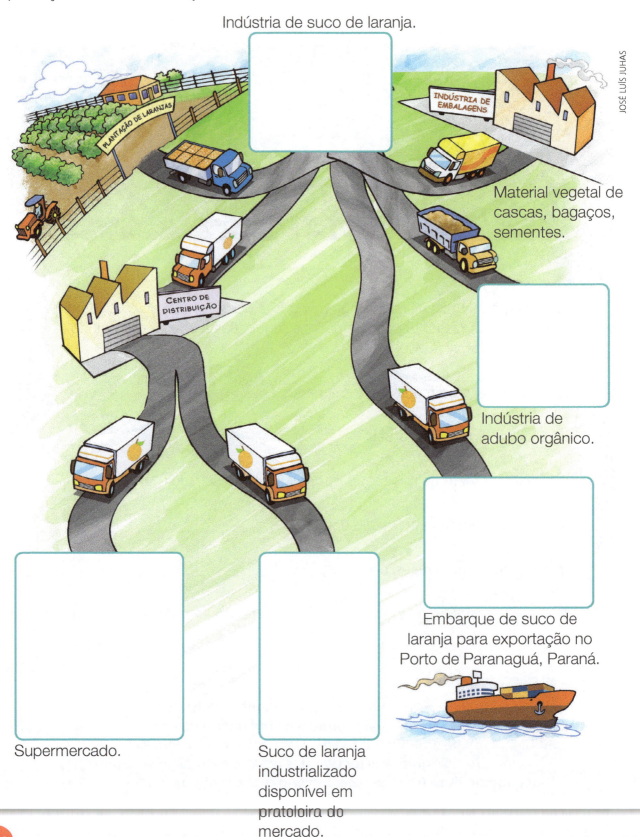

## Vamos reciclar!

Reciclar é importante e todos devem se organizar para realizar essa ação! Veja a seguir o processo de produção do papel até sua reciclagem.

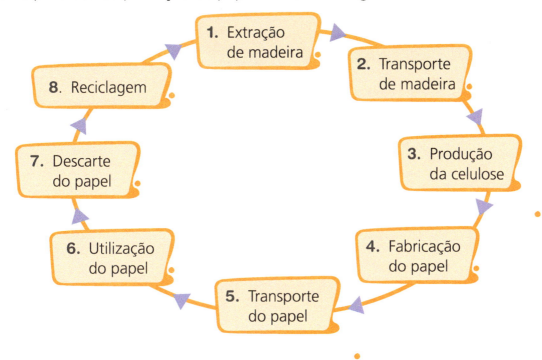

O papel reciclado pode ser transformado em diversos produtos como papel higiênico, guardanapos, toalhas de rosto, papéis de embrulho, sacolas, embalagens para ovos e frutas, papelões, caixas de papelão, papel jornal e até papel para impressão offset (que pode ser usado em cadernos, livros, materiais de escritório, envelopes etc.).

**Vantagens da reciclagem de papel**
– Madeira: Uma tonelada de aparas pode substituir de 2 a 4 metros cúbicos de madeira, conforme o tipo de papel a ser fabricado, o que se traduz em evitar a derrubada de 15 a 30 árvores.

– Água: Na fabricação de uma tonelada de papel reciclado são necessários apenas 2.000 litros de água, ao passo que, no processo tradicional de fabricação do papel, este volume pode chegar a 100.000 litros por tonelada.

– Criação de Empregos: estima-se que, ao reciclar papéis, sejam criados muito mais empregos do que na produção do papel de celulose virgem, contando com os processos de coleta, triagem e classificação.

– Lixões: com a coleta de papel usado para reciclagem elimina-se grande parte do descarte que iriam, em muitos casos, para lixões que provocam a poluição ambiental.

Fonte: RICCHINI, Ricardo. Reciclagem industrial de papel. Setor de reciclagem.com.br. Disponível em: <https://www.setorreciclagem.com.br/reciclagem-de-papel/reciclagem-industrial-de-papel/>. Acesso em 20 abr. 2020.

**1** Você sabe o que significa este símbolo nas embalagens?

_____

**2** Preencha as lacunas ao lado das imagens com o número correspondente a cada etapa do processo descrito de reciclagem de papel.

**3** Na sua casa há separação do lixo para reciclagem?